성령이 알려주시는
주기도문
사도신경
십계명

바늘구멍만큼 열어 주시다

| 최온유 지음 |

쿰란출판사

성령이
알려주시는
**주기도문
사도신경
십 계 명**

추천사

'주기도문'을 비롯한 '사도신경'과 '십계명'에 담긴 비밀과 진리를 담은 책인 《성령이 알려주시는 주기도문·사도신경·십계명》은 열방을품은교회 담임목사인 최온유 목사가 목회 현장과 선교 현장에서 선교사들은 물론, 함께하는 공동체 일원들과 기도하고 찬송하면서 성경에 감추어진 주기도문, 사도신경, 십계명을 재해석했다는 데 큰 의미를 갖는다.

한마디로, 기도하는 최온유 목사의 피와 땀과 눈물의 결정체라고 할 수 있다. 무엇보다도 《성령이 알려주시는 주기도문·사도신경·십계명》은 현대를 살아가는 모든 이들의 필독서로서, 신앙생활을 보다 윤택하게 만들어 줄 것으로 기대한다.

최온유 목사는 이름도 빛도 없이 하나님나라운동에 참여하면서 성령의 역사를 체험했다. 목회 현장과 선교 현장에서 하나님의 참사랑을 실현하며, 그리스도가 있는 곳에 교회를 세우고, 열방을품은교회 공동체에 속한 교인들과 함께 기도했다.

최 목사는 특히 주기도문과 사도신경과 십계명을 무조건 외워 낭독하는 모습에 안타까움을 느끼고 주기도문, 사도신경, 십계명을 연구하기 시작했다. 그렇게 주기도문, 사도신경, 십계명에 담긴 의미를 신구약성경 말씀 속에서 성령의 도우심으로 찾으려고 노력하면서 반복해서 읽고 읽었다. 그 결과 주기도문, 사도신경, 십계명에 담긴 의미를 한데 모은 《성령이 알려주시는 주기도문·사도신경·십계명》이 탄생하게 된 것이다.

이 책은 〈기독교한국신문〉의 인터넷 신문과 종이 신문을 통해 연재된 글들을 하나로 묶은 것이다. 무엇보다 최온유 목사가 성경의 말씀을 연구하고 분석하면서, 내놓은 글이라는 데 높이 평가한다.

《성령이 알려주시는 주기도문·사도신경·십계명》에 담긴 주기도문, 사도신경, 십계명에 대한 해석은 오늘을 살아가는 그리스도인들의 신앙생활에 있어 텍스트가 될 것으로 확신한다. 추천사를 써 달라는 부탁을 받고, 기쁜 마음으로 응했고, 천천히 읽어가면서 큰 감동을 받았다. 그 어느 책보다도 귀중하고 소중한 이 책을 그리스도인이라면 누구나 영이요 생명의 말씀으로 먹으며 필요에 따라 펼쳐 보았으면 하는 마음이다.

2024년 2월
정서영 목사
한국기독교총연합회 대표회장·대한예수교장로회 (개혁) 총회장

머리말

삼위일체 하나님께 무한한 감사와 영광을 돌립니다.

나의 삶의 주인은 예수 그리스도이십니다.
예수님의 보배로운 피로 죄에서 구원하심에 감사합니다.
예수님의 보배로운 피로 저주와 사망에서 구원해 주심에 감사합니다.
예수님의 보배로운 피로 지옥에서 건져주심에 감사합니다.
예수님의 보배로운 피로 유황불 못에서 건져내심으로 영원한 천국 상속권을 주시니 감사합니다.
보배로운 피와 함께 성령님께서 믿음을 주시고, 그리스도의 의의 옷을 입혀 주시고, 영원한 부활의 생명을 주사 하나님의 나라를 누리는 기쁨으로 오직 예수 그리스도 한 분이 나의 삶의 전부 되게 하심을 감사합니다.

영원한 생명이신 예수 그리스도 한 분이면 만족합니다.
'성령의 터치'로 오늘도 진리의 말씀이 바늘구멍만큼 열리니, 예수 그리스도의 보혈의 능력을 매일 경험합니다. 성령님께서 내 마음에 주시는 구원의 기쁨과 감격과 만족과 자족과 행복한 삶으로 인해 찬양을 드립니다.

아무것도 알지 못하고 어리석은 나에게 오늘도 진리의 말씀을 생명수로 마시게 하시고 믿어지게 하심으로 성령께서 영적 눈을 열어주시는 은혜에 한 발짝씩 나아갑니다.

"성령의 터치, 바늘구멍만큼 열리다."
강권적인 은혜로 말씀을 통독하며, 영이요 생명의 말씀을 보고 듣고 읽고 영의 양식으로 먹고 필사하는 가운데 말씀이 깨달아지는 은혜에 따라 하나님은 내게 주기도문과 사도신경과 십계명을 알려주셨습니다. 나의 믿음의 영의 말씀으로 먹다가 그 은혜로 부족하지만 성령님께서 알려주시는 대로 써봤습니다.

성령의 체험적인 믿음의 삶은 연단과 훈련의 연속이었습니다. 나는 남다른 소심한 성격으로 표현조차 잘 못하는 어린 시절을 보냈습니다. 열심과 특심으로 늘 예배에 참석하는 모범 학생처럼 보였겠지만 부활이 믿어지지 않는 근본적인 문제가 있었고, 율법 아래에 머물러 있는 사람이었습니다.
그러다 18세 때쯤 주일 저녁 예배를 마치고 청년들이 지하에 들어가서 기도회를 할 때 성령께서 내가 뼛속까지 죄인이며 날 때부터 죄인임을 깨닫게 하셨습니다. 그리고 성령 임재의 체험,

거듭남의 경험이 나를 평생 예수 그리스도의 부활 생명 안에서 기쁨과 감사로 살게 했습니다.

뱃속 깊은 곳에서부터의 회개의 영으로 지금까지 눈물의 감사와 찬송을 하게 하셨습니다. 그 순간부터 부활이 믿어지고 성경 전체의 말씀이 믿어지며 20대 중반부터 전도사로 사역을 하였습니다. 그러다 30대 후반에 시각장애인 목사님을 만나 결혼하며 복음 사역의 파트너가 되어 함께했습니다.

세계 선교에 조금이나마 눈을 뜰 수 있도록 32개국을 다니는 기회 또한 기쁨으로 받았습니다. 장애의 어려운 상황 속에서도 믿음으로 신실하게 섬기는 모습에 많은 것을 배우고 영향을 받았습니다.

그리고 요한복음 9장의 날 때부터 앞을 못 본 맹인이 실로암에 가서 씻고 나서 눈을 뜨게 된 사건을, 온 인류가 다 죄인이며 예수님을 만나야 영적 눈이 열리는 것으로 확대해서 이해하게 하시며 성경을 보는 눈을 더 크게 열어주시기 시작했습니다.

나의 삶에서 존귀하신 예수 그리스도의 이름을 높이며, 삼위 하나님께 구원에 대한 감사와 감격의 기쁨으로 그 은혜와 영광을 찬송하고 있습니다. 앞으로도 성령님께서 인도하시는 대로 예수님의 지식과 예수님의 사랑과 예수님의 의지로 예수 그리스도의 복음의 증인이 되어 나가길 소원합니다.

    부족한 이 글이 〈기독교한국신문〉 '한국강단' 7면에 게재되도록 동기를 부여해 주시고 섬겨주신 유달상 장로님과 기자님께 감사를 드립니다. 하나님께서 사용하시는 사람들의 권면을 귀담아 듣고 이 글들을 엮어 책으로까지 만들게 되었습니다. 포털 사이트 다음과 구글에 등재되고 책으로 출판을 하기까지 성령님께서 일하고 계심을 실감합니다.
    이 책이 빛을 보기까지 수고해 주신 많은 손길과 기도해 주신 모든 분께 감사를 드립니다. 또한 쿰란출판사를 통해 책으로 출판되는 감격으로 새로운 날을 경험합니다.
    모든 영광은 삼위 하나님께 돌려드립니다.

2024년 2월
최온유

차례

추천사 _ 정서영 목사 / 한국기독교총연합회 대표회장
대한예수교장로회 (개혁) 총회장 _ 4
머리말 _ 6

주기도문

- 주기도문 _ 16
- 주기도문 들여다보기 _ 17

1. 하늘에 계신 우리 아버지여 (통치 영역과 관계성) 21
   1) 하늘에 계신 22 2) 우리 아버지여 (하나님과 나의 관계성) 26

2. 이름이 거룩히 여김을 받으시오며 나라가 임하시오며 29
   1) 이름이 30
   2) (이름이) 거룩히 여김을 받으시오며 33
   3) 나라가 임하시오며 (영원토록 다스린다) 36

3. 뜻이 하늘에서 이루어진 것같이 땅에서도 이루어지이다 39

4. 오늘 우리에게 일용할 양식을 주시옵고 44
   1) 육 44 2) 혼 45 3) 영 46

5. 우리가 우리에게 죄지은 자를 사하여 준 것같이 우리 죄를
   사하여 주시옵고 (원죄와 자범죄) 50
   1) 원죄의 유입 52   2) 인류의 죄의 모습 53

6. 우리를 시험에 들게 하지 마시옵고 다만 악에서 구하옵소서 64
   1) 시험에 들게 하지 마시옵고 64
   2) 다만 악에서 구하시옵소서 (기도의 중요성) 66
   ※ "대개"의 뜻 71

7. 나라와 권세와 영광이 아버지께 영원히 있사옵나이다 아멘 73
   1) 나라와 73   2) 권세와 76
   3) 영광이 아버지께 영원히 있사옵나이다 78

- 사도신경 _ 86
- 사도신경 들여다보기 _ 87

1. 전능하사 천지를 만드신 하나님 아버지를 내가 믿사오며 94
   1) 전능하사 천지를 만드신 하나님 아버지 97
   2) 내가 믿사오며 (내가 믿는 것이 가장 중요하다) 100

2. 그 외아들 우리 주 예수 그리스도를 믿사오니 105
   1) '예수' 이름의 뜻 106
   2) '그리스도'의 명칭은 메시아이며 기름부음을 받은 자라는 의미이다 107
   3) 신약에 나타난 '예수'의 이름 110

3. 이는 성령으로 잉태하사 동정녀 마리아에게 나시고 113
   1) 성령으로 잉태하사 115

4. 본디오 빌라도에게 고난을 받으사 119

5. 십자가에 못 박혀 죽으시고 124

6. 장사한 지 사흘 만에 죽은 자 가운데서 다시 살아나시며 133
   1) 부활의 첫 열매가 되신 주님 135

7. 하늘에 오르사 전능하신 하나님 우편에 앉아 계시다가 145
   1) 하늘에 오르사 146   2) 하나님 우편에 앉아 계시다가 146
   3) 지금도 성령께서 간구하시며 147
   4) 보좌에 앉으신 그리스도 예수께서 우리를 위해서 간구하신다 147

8. 저리로서 산 자와 죽은 자를 심판하러 오시리라 149
   1) 재림을 준비하라 150

9. 성령을 믿사오며 거룩한 공회와 성도가 서로 교통하는 것과 154
   1) 성령을 믿사오며 154   2) 공회 (거룩한 교회) 157

10. 죄를 사하여 주시는 것과 158

11. 몸이 다시 사는 것과 (부활) 165

12. 영원히 사는 것을 믿사옵나이다 169

십계명

- 십계명 _ 176
- 십계명 들여다보기 _ 178

1. 1계명: 너는 나 외에는 다른 신들을 네게 두지 말라 189
    1) 첫째 돌판과 둘째 돌판은 각각 율법과 복음을 나타낸다 200
    2) 의를 입혀 주심 204   3) 거듭남으로 세우심 206

2. 2계명: 너를 위하여 새긴 우상을 만들지 말라 210

3. 3계명: 너는 네 하나님 여호와의 이름을 망령되게 부르지 말라 219
    1) 여호와의 이름을 망령되게 하는 자 220

4. 4계명: 안식일을 기억하여 거룩하게 지키라 229

5. 5계명: 네 부모를 공경하라 246

6. 6계명: 살인하지 말라 257

7. 7계명: 간음하지 말라 264

8. 8계명: 도둑질하지 말라 273

9. 9계명: 네 이웃에 대하여 거짓 증거하지 말라 284

10. 10계명: 네 이웃의 집 (아내)을 탐내지 말라 292

맺는말 _ 308

주기도문

● 주기도문

예수님이 이렇게 기도하라며 가르쳐 주신 기도문

마태복음 6:9-13
[9]그러므로 너희는 이렇게 기도하라 하늘에 계신 우리 아버지여 이름이 거룩히 여김을 받으시오며
[10]나라가 임하시오며 뜻이 하늘에서 이루어진 것같이 땅에서도 이루어지이다
[11]오늘 우리에게 일용할 양식을 주시옵고
[12]우리가 우리에게 죄지은 자를 사하여 준 것같이 우리 죄를 사하여 주시옵고
[13]우리를 시험에 들게 하지 마시옵고 다만 악에서 구하시옵소서 나라와 권세와 영광이 아버지께 영원히 있사옵나이다 아멘

● 주기도문 들여다보기

'주기도문'은 우리가 어떻게 기도해야 할 것인가에 대한 정확한 기도의 안내서이다. 물과 성령으로 거듭남은 영적 출생이며, 믿음의 첫 번째 필수 요소이다. 그 심령이 성령이 거하실 성전이 된 자에게 하나님의 나라와 그의 의를 구하게 하신다. 성령으로 내가 죄인임을 깨달아 회개하고 보배로운 피로 죄에서 구원받고 난 후, 말씀을 정확하게 이해하고 예수 그리스도를 믿고 진리를 따라 사는 자로 인도한다.

* 주기도문은 은혜의 보고이며 능력의 기도이다.
① 하나님 아버지께 기도하라.
② 창조의 목적이 담겨 있다.
③ 하나님의 뜻이 담겨 있다.
④ 하나님의 정체성이 담겨 있다.
⑤ 이 세상의 정체성도 숨겨져 있다.
⑥ 삶의 우선순위와 기도의 대상이 확실하다.

* 주기도문은 예수님이 가르쳐주신 성도들의 모범의 기도이다.
① 삼위 하나님께 찬양을 드리는 기도이다.
② 성령님의 인도에 따라 기도할 수 있다.
③ 창조 목적을 성취하기 위한 기도이다.

주기도문의 특징은 삼위 하나님의 인격이 담겨 있다는 것이다.
① 삼위 하나님의 그 정체성을 알고 기도한다.
② 하나님과 나의 영으로 교통, 교제 인격을 나누는 기도이다.
③ 영적으로 대화를 하려면 '야다' 곧 경험적으로 깊이 알아야 한다.
④ 내가 피조물이며 죄인임을 철저히 알아야 한다.

사람은 안개와 나그네 같지만 거듭난 후에는 그리스도 안에서 하나님 나라의 새로운 피조물이 된다. 예수 그리스도의 부활의 생명으로 예수님을 닮아가는 과정, 곧 그의 온전한 성품으로 성화되어 가는 과정에서 성령의 열매를 맺어가는 삶의 기도이며 교통과 대화이다.

성경 전체에 걸쳐 흐르고 있는 하나님 아버지의 뜻과 의도가 있다. 산상수훈, 팔복을 따라 성령으로 살아가는 자가 예수님이 가르쳐주신 기도를 할 수 있다.

* 창조 목적과 하나님을 송축하고, 영원토록 찬양을 드리는 것이다.
주기도문을 예배의 끝맺음으로 알고 입으로만 고백한다면 땅에 속한 시각으로 땅의 것만 구하는 기도이다. 무서운 종교의 영에 사로잡혀 습관적으로 종교 생활을 하는 것일 뿐이다.
주기도문을 하기 전에 자신이 죄인임을 통절히 깨닫는 것이 필요함을 내포하고 있다.

* 주기도문의 구조와 핵심 내용은 7단계로 이해한다.
① 하나님의 이름 - 하나님의 정체성을 알게 한다 (하나님과 나의 관계성).
② 하나님의 나라 - 하나님의 통치 영역이다.
③ 하나님의 뜻 - 하나님의 주권과 거룩한 성취이다.
④ 우리의 일용할 양식 - 하나님의 공급과 은혜이다 (영·혼·육의 양식).
⑤ 사죄의 간구 - 하나님과의 깊은 관계를 형성한다.
⑥ 시험과 악에서 구함 - 성령님에 대한 절대적 의지와 그 도움으로 산다.
⑦ 송영 - 창조주 하나님의 영광과 통치를 인정하고 확인하고 영원히 경배하며 찬양하는 것이다.

* 예수님이 가르쳐주신 주기도문은 삼위일체 하나님과의 올바른 대화로, 창조 목적대로 살아가면서 감사와 찬양을 드리는 삶을 구한다.
히브리어 '야다' (요 17:3; 요일 5:13, 5:20)는 성령으로 영적 거듭남의 경험을 한 것을 말한다 (헬라어 '기노스코').

예수님이 가르쳐주신 주기도문의 깊은 뜻은 그 나라와 의를 구하는 것이다. 하나님 아버지의 구원 계획과 성취를 위해서 아들로 이 땅에 오신 예수님은 아버지의 말씀대로만 행하셨음에 주목하라.

부활의 생명으로 사는 자는 내 뜻은 없고 아버지의 뜻에 합한 삶이 요구된다.

오직 영이요 생명의 말씀대로 살아가는 믿음의 길이다. 예수님의 지식과 사랑과 의지의 온전한 성품으로 사는 것으로 그것이 곧 기도이며 대화이다.

예수님의 이름은 모든 민족에게 전파되어야 하는 이름으로 모든 인류를 구원하는 이름이다.

예수님의 이름은 약속의 이름으로 권세와 능력의 이름이다.

요 14:6 예수께서 이르시되 내가 곧 길이요 진리요 생명이니 나로 말미암지 않고는 아버지께로 올 자가 없느니라

주기도문의 깊은 것을 알게 되면 창조 목적을 알고 경배하며 우상을 버리고 창조주 하나님께만 영원토록 감사와 찬양을 드리게 된다 (사 43:7, 21; 골 1:16).

주기도문 1.
하늘에 계신 우리 아버지여
(통치 영역과 관계성)

기도의 대상이 하늘에 계신 우리 아버지이시다. 하나님 아버지를 나의 하나님으로 부를 수 있는 것은 예수님의 보배로운 피로 관계가 맺어졌기 때문이다. 예수님의 피로 죄 사함을 얻은 모든 사람들은 하나님을 아버지라 부를 수 있다. 오직 예수 그리스도의 부활 생명 안에 있는 자의 특권이다 (요 1:12-13, 14:6).

보배로운 피로 죄 사함을 받은 자를 성령께서 보증하시고 인치신다. 물과 성령으로 거듭나는 것이며 그런 자로서 관계가 맺어진다 (요 3:5; 고후 1:22, 5:5). 하나님의 아들이 되는 것이며 그리스도 예수의 신부가 되는 것이다. 곧 예수님이 하나님의 아들이시요 그리스도이심을 믿는 것이다.

1) 하늘에 계신

(1) 셋째 하늘은 하나님이 계신 천국 (heaven)이다. 3층천을 말한다 (신 10:14; 시 148:4, 엡 4:10; 히 1:3, 4:14)

출 3:14 하나님이 모세에게 이르시되 나는 스스로 있는 자이니라

신 10:14 하늘과 모든 하늘의 하늘과 땅과 그 위의 만물은 본래 네 하나님 여호와께 속한 것이로되

느 9:6 오직 주는 여호와시라 하늘과 하늘들의 하늘과 일월성신과 땅과 땅 위의 만물과 바다와 그 가운데 모든 것을 지으시고 다 보존하시오니 모든 천군이 주께 경배하나이다

하나님은 3층천에 계시며 하늘과 하늘들의 하늘과 우주와 땅과 땅 아래 모든 영역의 주권자요 통치자이시다.

시 89:14 의와 공의가 주의 보좌의 기초라 인자함과 진실함이 주 앞에 있나이다

사 40:28 너는 알지 못하였느냐 듣지 못하였느냐 영원하신 하나님 여호와, 땅끝까지 창조하신 이는 피곤하지 않으시며 곤비하지 않으시며 명철이 한이 없으시며

계 1:8 주 하나님이 이르시되 나는 알파와 오메가라 이제도 있고 전에도 있었고 장차 올 자요 전능한 자라 하시더라

롬 11:36 이는 만물이 주에게서 나오고 주로 말미암고 주에게로 돌아감이라 그에게 영광이 세세에 있을지어다 아멘

(2) 둘째 하늘은 해, 달, 별이 있는 공중 하늘 곧 우주를 말한다.

이 땅과 우주에는 사탄, 마귀가 활동하며 어둠의 공중권세 잡은 자들이 활동한다. 이 세상에서 신으로 행세하고 많은 종교를 만들어 경배를 받고 하나님의 영광을 가로채고 있다.

창 1:2 땅이 혼돈하고 공허하며 흑암이 깊음 위에 있고 하나님의 영은 수면 위에 운행하시니라

유 1:6 또 자기 지위를 지키지 아니하고 자기 처소를 떠난 천사들을 큰 날의 심판까지 영원한 결박으로 흑암에 가두셨으며 (사 14:12-17; 겔 28:12-17)

엡 2:2 그때에 너희는 그 가운데서 행하여 이 세상 풍조를 따르고 공중의 권세 잡은 자를 따랐으니 곧 지금 불순종의 아들들 가운데서 역사하는 영이라 (마 4:16; 고후 4:3-4)

고후 4:3-4 만일 우리의 복음이 가리었으면 망하는 자들에게

가리어진 것이라 그중에 이 세상의 신이 믿지 아니하는 자들의 마음을 혼미하게 하여 그리스도의 영광의 복음의 광채가 비치지 못하게 함이니 그리스도는 하나님의 형상이니라

* 불법자 사탄, 마귀를 처리하시는 3단계

① 하늘에 전쟁이 있으므로 땅으로 쫓겨났다.

계 12:7-9 하늘에 전쟁이 있으니 미가엘과 그의 사자들이 용과 더불어 싸울새 용과 그의 사자들도 싸우나 이기지 못하여 다시 하늘에서 그들이 있을 곳을 얻지 못한지라 큰 용이 내쫓기니 옛 뱀 곧 마귀라고도 하고 사탄이라고도 하며 온 천하를 꾀는 자라 그가 땅으로 내쫓기니 그의 사자들도 그와 함께 내쫓기니라

② 무저갱에 던져넣어 잠근다.

계 20:2-3 용을 잡으니 곧 옛 뱀이요 마귀요 사탄이라 잡아서 천 년 동안 결박하여 무저갱에 던져넣어 잠그고 그 위에 인봉하여 천 년이 차도록 다시는 만국을 미혹하지 못하게 하였는데 그 후에는 반드시 잠깐 놓이리라

③ 불과 유황 못에 던진다.

계 20:10 또 그들을 미혹하는 마귀가 불과 유황 못에 던져지니 거기는 그 짐승과 거짓 선지자도 있어 세세토록 밤낮 괴로움을 받으리라

⑶ 그리고 첫째 하늘은 우리가 사는 땅에 속한 하늘이다.

우리가 사는 땅은 공기가 있는 사람들이 사는 곳이며, 그 땅에 속한 하늘은 비행기가 다니는 대기권의 하늘 (sky)을 말한다.

창 1:1 태초에 하나님이 천지를 창조하시니라 (사 40:26, 28)

요 1:3 만물이 그로 말미암아 지은 바 되었으니 지은 것이 하나도 그가 없이는 된 것이 없느니라

행 17:24-25 우주와 그 가운데 있는 만물을 지으신 하나님께서는 천지의 주재시니 손으로 지은 전에 계시지 아니하시고 또 무엇이 부족한 것처럼 사람의 손으로 섬김을 받으시는 것이 아니니 이는 만민에게 생명과 호흡과 만물을 친히 주시는 이심이라

갈 3:22 그러나 성경이 모든 것을 죄 아래에 가두었으니 이는 예수 그리스도를 믿음으로 말미암는 약속을 믿는 자들에게 주려 함이라

하나님의 통치 영역은 하늘로 3층천과 2층천, 그리고 이 땅과 땅 아래와 모든 것의 통치자이시다. 주님은 만왕의 왕으로 만유의 주가 되사 뼈가 꺾이지 않는 주권적인 권세로 모든 것을 통치하신다.

골 2:9-10 그 안에는 신성의 모든 충만이 육체로 거하시고 너희

도 그 안에서 충만하여졌으니 그는 모든 통치자와 권세의 머리시라

골 1:16-17 만물이 그에게서 창조되되 하늘과 땅에서 보이는 것들과 보이지 않는 것들과 혹은 왕권들이나 주권들이나 통치자들이나 권세들이나 만물이 다 그로 말미암고 그를 위하여 창조되었고 또한 그가 만물보다 먼저 계시고 만물이 그 안에 함께 섰느니라

2) 우리 아버지여 (하나님과 나의 관계성)

아버지와 관계는 보배로운 피로써 맺어진다. 여기에서 '우리'는 창조주 하나님, 예수 그리스도를 믿는 모든 사람을 통칭한다. 우리의 아버지와 아들과의 관계는 보배로운 피로써 성령님의 거듭남으로 맺어진다 (엡 1:7; 골 1:14; 요일 1:7; 요 3:5).

엡 4:6 하나님도 한 분이시니 곧 만유의 아버지시라 만유 위에 계시고 만유를 통일하시고 만유 가운데 계시도다

고전 3:16 너희는 너희가 하나님의 성전인 것과 하나님의 성령이 너희 안에 계시는 것을 알지 못하느냐

골 3:17 또 무엇을 하든지 말에나 일에나 다 주 예수의 이름으로 하고 그를 힘입어 하나님 아버지께 감사하라

예수 그리스도는 교회의 머리로서 믿는 자들은 우주적, 전 세계적으로 그리스도의 몸이요 모든 지체이며 믿는 그들이 하나님을 '우리 아버지'라 부른다.

> 엡 1:22-23 또 만물을 그의 발 아래에 복종하게 하시고 그를 만물 위에 교회의 머리로 삼으셨느니라 교회는 그의 몸이니 만물 안에서 만물을 충만하게 하시는 이의 충만함이라

하나님은 생명 관계인 진리의 말씀으로 우리를 낳으셨다.

> 약 1:18 그가 그 피조물 중에 우리로 한 첫 열매가 되게 하시려고 자기의 뜻을 따라 진리의 말씀으로 우리를 낳으셨느니라

> 벧전 1:23 너희가 거듭난 것은 썩어질 씨로 된 것이 아니요 썩지 아니할 씨로 된 것이니 살아 있고 항상 있는 하나님의 말씀으로 되었느니라

* 세상에는 많은 가짜 신과 주가 있다.

> 고전 8:5 비록 하늘에나 땅에나 신이라 불리는 자가 있어 많은 신과 많은 주가 있으나

사탄, 마귀는 많은 종교를 만들도록 사람들을 조종하여 무수한 영혼이 예수를 믿지 못하게 방해하고 미혹한다. 미혹 당한 이들은

흑암에서 방황하다 죽고, 결국은 유황불 못으로 함께 끌려 들어간다.

고전 8:6 그러나 우리에게는 한 **하나님** 곧 아버지가 계시니 만물이 그에게서 났고 우리도 그를 위하여 있고 또한 한 **주 예수 그리스도**께서 계시니 만물이 그로 말미암고 우리도 그로 말미암아 있느니라

히 1:2-3 이 모든 날 마지막에는 아들을 통하여 우리에게 말씀하셨으니 이 아들을 만유의 상속자로 세우시고 또 그로 말미암아 모든 세계를 지으셨느니라 이는 **하나님**의 영광의 광채시요 그 본체의 형상이시라 그의 능력의 말씀으로 만물을 붙드시며 죄를 정결하게 하는 일을 하시고 높은 곳에 계신 지극히 크신 이의 우편에 앉으셨느니라

* 이 부분을 정리하면 다음과 같다.
① **하나님**이 아들을 통하여 우리에게 말씀하셨고 모든 세계를 지으셨으며
② 그를 만유의 상속자로 세우심으로
③ 그가 능력의 말씀으로 만물을 창조하고, 유지하고, 보존하고, 붙드시고
④ 죄를 정결하게 하는 일을 하시고
⑤ 지극히 크신 이의 우편 보좌에 앉아 계신다.

주기도문 2.
이름이 거룩히 여김을 받으시오며 나라가 임하시오며

　　　　　　삼위일체 하나님의 정체성을 알려면 이름을 알아야 한다. 하나님의 거룩은 구별되신 것으로 피조물과 다름을 알게 한다.

　하나님 아버지의 거룩한 이름을 찬양하던 피조물 천사가 하나님의 보좌를 탐하여 땅으로 쫓겨나서 사탄, 마귀, 거짓의 아비가 되었다. 그에게 속임을 당하여 아담과 하와가 선악과를 먹었다. 이로 말미암아 모든 인류가 죄인이 되었고 사탄, 마귀의 죄와 사망의 종이 되어 우상을 섬김으로 하나님의 거룩한 이름을 짓밟고 더럽혔다.

　십계명에서 '제일은 너는 나 외에는 다른 신들을 네게 두지 말라'라고 말씀한다. 십계명은 하나님의 양심과 인격으로 우리가 스스로 우상을 섬기고 있는 것을 보여주고 있다. 온 인류가 거룩한 하나님의 이름을 더럽히게 된 원인은 사탄과 마귀다.

성경 66권의 말씀은 온 인류가 창조주 하나님을 떠났고 미혹자, 유혹자 사탄, 마귀에게 속아서 죄 가운데 있으므로 자기가 하나님이 되어 우상을 섬기고 있음을 반증한다. 우리가 우상을 섬기고 있으며 마귀의 종인 것을 깨닫고 회개하면 예수님의 피로 죄 사함받고 성령 받아 거룩하신 삼위 하나님께 영광을 돌리게 되며 존귀하신 예수 그리스도의 이름을 높이는 것이다.

1) 이름이

① 하나님은 창조자이시다 (창 1:1; 요 1:1-3; 롬 1:20, 11:36).
② 여호와는 구원과 심판이다. 언약, 계약의 하나님이다 (출 6:6-8).
③ '주'는 주인, 소유주란 뜻이며, 승천 후 보좌 우편에 계신다.
④ 하나님의 이름을 성전에 두셨다 (왕상 9:3, "내 이름을 영원히 그곳에 두며").

[성막 / 솔로몬 성전 / 스룹바벨 성전 / 46년 동안 지은 헤롯 성전 / 예수님의 성전 되심 (요 2:21), 심령 성전 (고전 3:16) / 새 하늘, 새 땅 (계 21:1-7)]

⑤ 예수는 자기 백성을 저희 죄에서 구원할 자이시다 (마 1:21).

> 왕상 9:3 여호와께서 그에게 이르시되 네 기도와 네가 내 앞에서 간구한 바를 내가 들었은즉 나는 네가 건축한 이 성전을 거룩하게 구별하여 내 이름을 영원히 그곳에 두며 내 눈길과 내 마음이 항상 거기에 있으리니

피와 성령으로 거듭난 자는 거룩한 예수 그리스도의 이름을 심령 성전에 모시고 사는 것이다.

그리스도는 기름 부음받은 자로 메시아, 구원자이다. 구약에서 선지자, 제사장, 왕에게 기름을 붓는 것은 신약의 삼중직으로 오실 그리스도를 예표한다.

* **경건의 비밀** (딤전 3:15-16)
① 하나님의 비밀, 그리스도

> 골 2:2 이는 그들로 마음에 위안을 받고 사랑 안에서 연합하여 확실한 이해의 모든 풍성함과 하나님의 비밀인 그리스도를 깨닫게 하려 함이니

② 그리스도의 비밀은 교회 (엡 1:4-14), 그리스도와 교회/신부 (엡 5:32)

> 엡 3:3-6 곧 계시로 내게 비밀을 알게 하신 것은 내가 먼저 간단히 기록함과 같으니 그것을 읽으면 내가 그리스도의 비밀을 깨달은 것을 너희가 알 수 있으리라 이제 그의 거룩한 사도들과 선지자들에게 성령으로 나타내신 것같이 다른 세대에서는 사람의 아들들에게 알리지 아니하셨으니 이는 이방인들이 복음으로 말미암아 그리스도 예수 안에서 함께 상속자가 되고 함께 지체가 되고 함께 약속에 참여하는 자가 됨이라

고전 3:16 너희는 너희가 하나님의 성전인 것과 하나님의 성령이 너희 안에 계시는 것을 알지 못하느냐

성령이 거하실 심령 성전이 된 자들이 영과 진리로 예배드릴 수 있다 (요 4:24). 예수 그리스도가 나의 주인 되시는 부활 생명과 믿음으로 평생 심령 성전을 세우는 것이 그리스도의 신부가 되는 것이며 예수님의 성품으로 성령의 열매를 맺으며 이기는 자 되는 것이다.

* 하나님의 정체성은 이름 속에 담겨 있다.
하나님의 존재적, 사역적, 성품적 이름의 그 정체성은

① **존재적으로**
- 삼위일체 하나님 - 창 1:26-27, 3:22, 11:7; 신 4:35; 사 6:8; 마 28:19; 고후 13:13
- 지존하시는 하나님 - 출 3:14; 사 59:16; 롬 11:36; 고전 8:6; 골 1:16
- 영원하신 하나님 - 창 21:33; 신 33:27; 시 90:2, 93:2; 롬 6:23, 16:26; 계 15:7
- 불변하시는 하나님 - 민 23:19; 신 7:9; 히 13:8, 11장

② **사역적으로**
- 창조자이신 하나님 - 창 1:1; 신 30:15, 19; 시 103:19; 요 1:1-3; 골 1:16
- 전능하신 하나님 - 창 3:15, 18:14; 욥 37:23; 잠 21:1; 마 1:21; 요

19:30; 행 2:1-4; 엡 1:11
- 무소부재하신 하나님 - 시 139:1-6; 렘 23:24; 마 28:20
- 전지하신 하나님 - 시 139:1-4; 잠 15:3; 렘 16:17; 계 3:1; 요 1:47-48

③ **성품적으로**
- 사랑의 하나님 - 사 53:5-6; 마 5:45; 요 3:16; 엡 2:4-5; 요일 4:8
- 자비하신 하나님 - 눅 1:50, 6:36; 약 5:11; 벧전 2:10
- 은혜로우신 하나님 - (일반은총) 마 5:45; 롬 11:36, (특별은총) 롬 5:15
- 공의의 하나님 - 시 89:14; 요 5:29; 고후 5:8-10; 전 12:14

2) (이름이) 거룩히 여김을 받으시오며

아버지의 뜻을 이루는 것이 하나님 아버지께서 받으시는 영광이다. 이름이 거룩히 여김을 받는 것은 나에게 말씀이 삶에 실제로 이루어지는 것이다.

예수님을 통해 이루어지는 것, 십자가의 죽고 피 흘리심과 부활의 영으로 그 말씀이 내게 삶에 적용되어 실제로 영원한 생명으로 삶에 적용하여 이루어질 때 하나님의 이름이 거룩히 여김을 받으시는 것이다.

예) 베드로전서 2장 24절의 말씀을 믿고 그 말씀이 적용되어 나에게 영, 혼, 몸이 건강하면 하나님의 이름을 거룩하게 되는 것이다. 우주 만물을 창조하시고 사람을 만드신 것은 하나님께서 영광과 찬양을 받으심이다.

그러나 마귀는 **하나님**의 유일성을 부인했고 영광을 가로챘다. **하나님**의 안식을 깨뜨린 자이며 거룩한 이름을 짓밟고, **하나님**께서 받으실 경배를 가로채고 있는 거짓의 아비이며 살인자이며, 도둑이다.

마귀에게 빼앗겼던 죄의 종의 삶에서 회개하여 죄에서 구원받고, **예수 그리스도**를 통해 심령의 성전이 되는 것, 영, 혼, 몸의 병든 것이 치유되는 것이 거룩한 이름으로 영광을 돌리게 되는 것이다. 이 땅에서의 삶은 성공이 아니라 존귀하신 **예수 그리스도**의 이름을 높이며 거룩한 삶의 연속이다.

그러므로 **예수님**을 통해 십자가에 죽고 부활하시는 것으로 마귀를 멸하고 마귀의 일을 멸하시는 것과 우리를 구원하시는 것이 아버지 **하나님**께서 받으시는 영광이다

> **사 14:24** 만군의 **여호와**께서 맹세하여 이르시되 내가 생각한 것이 반드시 되며 내가 경영한 것을 반드시 이루리라

창세전에 계획된 **하나님**의 마스터플랜이 구체적으로 창조와 선악과 사건으로 전개되었다. **예수 그리스도**의 십자가의 죽으심과 부활은 온 인류를 죄에 빠지게 한 마귀를 멸하고 또 마귀의 일을 멸하는 것이다 (히 2:14; 요일 3:8). **여호와**께서 언약하시고 그 언약을 **예수님**께서 성취하셨다. 우리를 구원하시고 영생을 주셔서 영원한 안식 (샤바트)으로 함께 영원히 살 수 있게 되었다.

하나님의 나라가 완성되어 그리스도의 신부와 함께 살며 영광을 영원히 받으심이다. 믿는 우리에게 보좌에 함께 앉는 영광을 주시기 위함이다.

율법과 복음으로 완성하시고 세세토록 찬양과 감사를 받으시는 거룩하신 하나님이시다. 율법으로 죄를 깨닫게 하시고 (롬 3:20) 예수님을 만나게 하시며 영원한 생명을 주신다.

> 마 5:17 내가 율법이나 선지자를 폐하러 온 줄로 생각하지 말라 폐하러 온 것이 아니요 완전하게 하려 함이라

> 창 3:15 내가 너로 여자와 원수가 되게 하고 네 후손도 여자의 후손과 원수가 되게 하리니 여자의 후손은 네 머리를 상하게 할 것이요 너는 그의 발꿈치를 상하게 할 것이니라 하시고 (히 2:14; 요일 3:8)

여호와께서 언약하신 내용이다. 예수 그리스도가 십자가에서 죽으시고 3일 만에 부활하심으로 언약을 '다 이루셨다' (요 19:30).

① 여호와 이레 - 친히 준비하시는 하나님 / 창 22:14-17; 마 1:21, 27:21-50; 요 1:29; 갈 3:16
② 여호와 샬롬 - 평강의 하나님 / 삿 6:24; 요 14:27, 20:19
③ 여호와 라파 - 치료하시는 하나님 / 출 15:26; 벧전 2:24-25
④ 여호와 닛시 - 승리하시는 하나님 / 출 17:15; 요 11:25, 16:33
⑤ 여호와 로이 - 목자이신 하나님 / 시 23:1; 마 11:27, 17:5; 요

10:2, 10

⑥ **여호와** 삼마 - 임마누엘의 **하나님** / 겔 48:35; 마 1:23
⑦ **여호와** 치드케누 - 의 되신 **하나님** / 렘 23:6, 33:16; 갈 2:16
⑧ **여호와** 체바오트 - 만군의 **하나님** (전쟁) / 삼상 17:45-47; 말 3:14
⑨ **여호와** 카다쉬 - 거룩하신 **하나님** / 레 19:2; 히 10:10, 13:12

하나님의 언약과 성취를 믿으면 **성령**께서 **예수님**의 전 생애를 가지고 내 심령에 들어오신다.

삼위 **하나님**이 만세전에 택정하시고 **피**로써 죄 사함과 **성령**의 인을 치셨다.

엡 1:6 이는 그가 사랑하시는 자 안에서 우리에게 거저 주시는 바 그의 은혜의 영광을 찬송하게 하려는 것이라

하나님의 이름을 망령되게 하는 것은 가볍게 여긴다는 뜻으로 거짓되고 헛되게 부르는 것이다. 무례하며 존경심이 없다는 것이다. 마음 깊이 그 이름, **예수 그리스도**를 찬양하지 않는다. 경배하지 않는다. **성령**과 진리로 예배하지 못하고 있는 것이다 (딛 1:16; 사 29:13).

3) 나라가 임하시오며 (영원토록 다스린다)

성령을 받아야 **하나님**의 통치에 의한 **하나님**의 나라가 내 심령에 임한다 (요 3:5; 롬 14:17). **보혈**과 **성령**께서 내 안에 임재하시며 **성령**께서 소원을 주시고 (빌 2:13), **예수님**의 전 생애를 살아가도록 인

도하시며, 하나님 나라의 기쁨을 누리게 하시고 통치와 다스림으로 믿는 자를 이끌어 가신다.

하나님의 나라는 나로 하여금 성령의 임재와 통치, 다스림을 받게 하며 하나님은 나의 왕이 되신다. 그러므로 성령의 열매 (갈 5:22-23)를 맺게 하신다.

> 갈 5:22-23 오직 성령의 열매는 사랑과 희락과 화평과 오래 참음과 자비와 양선과 충성과 온유와 절제니 이같은 것을 금지할 법이 없느니라

이전에는 이 세상의 돈과 혈육과 번영에만 관심을 갖는 마귀의 성품이 나를 지배했다. 아직도 땅의 것에 관심이 많으면 영적 어린이든지 성령의 인도를 받지 못하는 영안이 어두운 상태이다.

영성이 깊은 사람은 성령을 통하여 그리스도의 부활 생명으로 성화되며 예수님을 닮아간다. 하나님의 나라는 하나님의 의로 기뻐하며 평강하며 늘 천국의 희락으로 삶의 여정을 허락하신다.

> 롬 14:17 하나님의 나라는 먹는 것과 마시는 것이 아니요 오직 성령 안에 있는 의와 평강과 희락이라

예수 그리스도는 만유 위에 계시고 만유를 통치하시고 만유 가운데 계신다.

> 엡 4:4-6 몸이 하나요 성령도 한 분이시니 이와 같이 너희가

부르심의 한 소망 안에서 부르심을 받았느니라 **주**도 한 분이시요 믿음도 하나요 세례도 하나요 **하나님**도 한 분이시니 곧 만유의 아버지시라 만유 위에 계시고 만유를 통일하시고 만유 가운데 계시도다

시 8:6 주의 손으로 만드신 것을 다스리게 하시고 만물을 그의 발 아래 두셨으니

시 103:19 여호와께서 그의 보좌를 하늘에 세우시고 그의 왕권으로 만유를 다스리시도다

오직 **성령**으로만 가능하다. 사람의 머리로 크신 **하나님**을 어찌 알 수 있으랴. 창조자 **하나님**의 통치와 **하나님** 나라의 영역을 알면 팔복의 삶을 살도록 철저히 붙들어 세워 가신다.

땅의 관점에서 하늘의 관점으로, 영적 시각으로, **예수 그리스도**의 시각으로 바뀌어야 한다. 땅에 있는 개미의 시각에서 독수리의 시각으로 바뀌어야 하고, 보좌에 앉으신 모습을 보며 온 세상을 통치하시는 알파와 오메가이자 역사의 주인이신 **예수 그리스도**께 주목해야 한다.

주기도문 3.
뜻이 하늘에서 이루어진 것같이 땅에서도 이루어지이다

하나님의 뜻이 성령으로 내게 적용되어 이루어지는 것을 의미한다.

만세전 하나님의 뜻, 하나님의 창조의 목적에 숨겨진 비밀은 예수 그리스도를 통한 구원이다. 창세전에 구원을 계획하신 하나님의 마스터플랜인 십자가 죽으심과 부활이 성령을 통해 내 심령에 적용하여 구원받는 것이 삶의로 나타나는 것으로 땅에서도 이루어지는 것이다.

세상 사람들은 아담 안에 있는 자와 예수 그리스도 안에 있는 자로 구분된다.

롬 5:12 그러므로 한 사람으로 말미암아 죄가 세상에 들어오고 죄로 말미암아 사망이 들어왔나니 이와 같이 모든 사람이 죄를 지었으므로 사망이 모든 사람에게 이르렀느니라

롬 5:17 한 사람의 범죄로 말미암아 사망이 그 한 사람을 통하여 왕 노릇 하였은즉 더욱 은혜와 의의 선물을 넘치게 받는 자들은 한 분 예수 그리스도를 통하여 생명 안에서 왕 노릇 하리로다

아담과 하와가 선악과를 먹음으로 온 인류가 죄인이 되었다 (창 2:7, 3:6, 3:15; 고전 15:45). 고린도후서 1장 9-10절 말씀처럼 사형선고를 받은 우리를 예수 그리스도 안에서 새로운 피조물이 되게 하셨다 (고후 5:21, 5:17). 사망에서 생명으로, 죄인에게 그리스도의 의의 옷을 입히심으로 정결한 신부로 바뀌어 영원한 영광의 나라에서 사는 영생은 신비이며 비밀스러운 복음이다.

고전 2:7 오직 은밀한 가운데 있는 하나님의 지혜를 말하는 것으로서 곧 감추어졌던 것인데 하나님이 우리의 영광을 위하여 만세 전에 미리 정하신 것이라

롬 6:3 무릇 그리스도 예수와 합하여 세례를 받은 우리는 그의 죽으심과 합하여 세례를 받은 줄을 알지 못하느냐

롬 6:5 만일 우리가 그의 죽으심과 같은 모양으로 연합한 자가 되었으면 또한 그의 부활과 같은 모양으로 연합한 자도 되리라

그리스도와 연합된 자에게는 성령께서 감동, 감화를 주시고 하나님의 뜻을 이룰 수 있도록 이끌어 가신다. 이것이 은혜이며 신령한 복이다.

롬 16:25-27 나의 복음과 예수 그리스도를 전파함은 영세 전부터 감추어졌다가 이제는 나타내신 바 되었으며 영원하신 하나님의 명을 따라 선지자들의 글로 말미암아 모든 민족이 믿어 순종하게 하시려고 알게 하신바 그 신비의 계시를 따라 된 것이니 이 복음으로 너희를 능히 견고하게 하실 지혜로우신 하나님께 예수 그리스도로 말미암아 영광이 세세무궁하도록 있을지어다 아멘

하나님의 비밀을 성령으로 깨닫고 믿고 내 삶에 적용하는 것이 가장 중요하다.

영이신 하나님 아버지의 명령으로 살고 죽을 권세로 말씀이 육신으로 오신 이가 예수님이다 (요 10:18).

* **하나님의 목적과 뜻의 비밀이다.**
① 여자의 후손으로 오셔서 마귀를 멸하고, 마귀의 일을 멸함이다 (창 3:15, 22:14-17; 히 2:14; 요일 3:8; 눅 10:19).
② 우리의 구원의 확정이다 (마 27:27-50; 히 2:15; 요일 1:7).
③ 하나님의 나라가 완성될 것의 확정이다 (요 3:3, 5; 계 21:1-2).
④ 예수님과 함께 영광의 보좌에 앉음이다 (마 25:31; 계 21:7; 엡 2:6)

고전 3:16 너희는 너희가 하나님의 성전인 것과 하나님의 성령이 너희 안에 계시는 것을 알지 못하느냐

고전 6:19-20 너희 몸은 너희가 하나님께로부터 받은바 너희 가운데 계신 성령의 전인 줄을 알지 못하느냐 너희는 너희 자신의 것이 아니라 값으로 산 것이 되었으니 그런즉 너희 몸으로 하나님께 영광을 돌리라

예수의 이름에는 아버지의 구원의 계획이 있고, 하나님의 아들의 이름에는 전 생애에 걸친 성취가 있다. 예수 이름으로 오신 성령께서 믿는 사람에게 이를 적용하여 보배로운 피로써 죄를 정결케 하사 의롭고 거룩하게 하시며, 또 보증하고 인 치시며 장성한 그리스도의 분량까지 성장하게 하신다.

그리스도의 신부가 되어 새 하늘과 새 땅의 영원한 안식에 들어가는 복이 영생이다. 예수님은 마태복음 22장 37-40절에서 수직관계와 수평관계에서 가장 큰 계명을 주셨다. 39절의 '네 이웃'은 바로 예수님을 말한다. 성경을 전체 통으로 보면 예수님이 이웃이다. 누가복음 10장 25-37절을 보면 자비를 베푼 사마리아 사람이라 나온다. 자비를 베풀 수 있는 분은 오직 한 분 하나님이시요 예수 그리스도이시라 이 땅에 사마리아인으로 이웃으로 오신 것이다 우리의 죄를 대속하기 위해 율법 아래 나게 하신 것이다 (갈 4:4-7).

약 2:8 너희가 만일 성경에 기록된 대로 네 이웃 사랑하기를 네

몸과 같이 하라 하신 최고의 법을 지키면 잘하는 것이거니와

요 5:39-40 너희가 성경에서 영생을 얻는 줄 생각하고 성경을 연구하거니와 이 성경이 곧 내게 대하여 증언하는 것이니라 그러나 너희가 영생을 얻기 위하여 내게 오기를 원하지 아니하는도다

위 말씀은 성령의 인도하심으로 죄인 됨을 회개하며 십자가에서 자신이 죽지 않으면 예수님께 올 수 없다는 의미이다.

주기도문 4.
오늘 우리에게 일용할 양식을 주시옵고

우리에게 일반은총과 특별은총을 주신 것에 무한한 감사를 드린다.

'일용할 양식'이란 **성령님**께서 매일 공급하시는 영이요 생명이신 말씀의 공급을 의미한다. 의복이나 육신의 양식에 마음을 빼앗기지 말고 곧 그의 나라와 의를 추구하라.

1) 육

육은 영을 담은 그릇이다. 육의 양식도 신선한 것을 제철에 균형 있게 먹어야 사람이 건강하게 된다. 5대 영양성분과 활발한 신진대사, 운동과 휴식도 필요하다. 피부에는 햇빛이 필요하고 코로

들이마시는 맑은 공기도 필요하다.

고후 4:16 그러므로 우리가 낙심하지 아니하노니 우리의 겉사람은 낡아지나 우리의 속사람은 날로 새로워지도다

고후 4:18 우리가 주목하는 것은 보이는 것이 아니요 보이지 않는 것이니 보이는 것은 잠깐이요 보이지 않는 것은 영원함이라

2) 혼

혼은 지정의 (知情意)이다. 혼의 양식인 지식을 쌓고 경험을 습득함으로 자기의 인격이 형성된다. 눈으로 보고 귀로 듣고 생활 속에서 습득된 모든 지식과 감정과 의지의 경험들로, 각자의 생활 습관이 그 사람의 가치관이 되고 인격이 된다.

세상 지식과 인본주의로 굳은 자는 창조주를 알 수 없다. **예수님**의 지식과 사랑과 의지의 인격으로 살아가는 왕 같은 제사장으로 승리의 왕관을 바라보라.

고후 10:4-5 우리의 싸우는 무기는 육신에 속한 것이 아니요 오직 어떤 견고한 진도 무너뜨리는 **하나님**의 능력이라 모든 이론을 무너뜨리며 **하나님** 아는 것을 대적하여 높아진 것을 다 무너뜨리고 모든 생각을 사로잡아 **그리스도**에게 복종하게 하니

3) 영

롬 11:36 이는 만물이 주에게서 나오고 주로 말미암고 주에게로 돌아감이라 그에게 영광이 세세에 있을지어다 아멘

시 36:9 진실로 생명의 원천이 주께 있사오니 주의 빛 안에서 우리가 빛을 보리이다

영은 영원 전부터 계신 생명의 원천이며, 영이요 생명의 떡을 먹어야 한다.

요 6:54 내 살을 먹고 내 피를 마시는 자는 영생을 가졌고 마지막 날에 내가 그를 다시 살리리니

그리스도의 장성한 분량까지 이르도록 매일매일 성장하게 하는 말씀의 일용할 양식이 중요하다. 영원한 생명, 예수 그리스도의 영이요 생명의 말씀이 나의 영의 양식이 되고 늘 성장과 성숙과 성화로 예수님을 닮아가고 마귀와 싸우는 성령의 검이 된다.

요 6:63 살리는 것은 영이니 육은 무익하니라 내가 너희에게 이른 말은 영이요 생명이라

롬 10:17 그러므로 믿음은 들음에서 나며 들음은 그리스도의 말씀으로 말미암았느니라

* 영의 일용할 양식인 말씀을 사모하라. 영으로는!

① 참된 양식 - "내 살은 참된 양식이요 내 피는 참된 음료로다" (요 6:55).

② 하나님의 떡 - "하늘에서 내려온 떡이니…이 떡을 먹는 자는 영원히 살리라" (요 6:58, 참조. 요 6:33, 41, 50).

③ 생명의 떡 - "나는 생명의 떡이니 내게 오는 자는 결코 주리지 아니할 터이요" (요 6:35).

④ 산 떡 - "나는 하늘에서 내려온 살아 있는 떡이니 사람이 이 떡을 먹으면 영생하리라" (요 6:51).

⑤ 예수님의 살과 피 - "내 살을 먹고 내 피를 마시는 자는 영생을 가졌고 마지막 날에 내가 그를 다시 살리리니" (요 6:53-58).

예수님의 양식은 아버지의 일을 온전히 이루는 것이다.

> 요 4:34 예수께서 이르시되 나의 양식은 나를 보내신 이의 뜻을 행하며 그의 일을 온전히 이루는 이것이니라

* 우리도 아버지 하나님의 뜻대로 살아야 된다 (마 7:21).

> 고후 9:9-10 기록된바 그가 흩어 가난한 자들에게 주었으니 그의 의가 영원토록 있느니라 함과 같으니라 심는 자에게 씨와 먹을 양식을 주시는 이가 너희 심을 것을 주사 풍성하게 하시고 너희 의의 열매를 더하게 하시리니

> 엡 6:17 구원의 투구와 성령의 검 곧 하나님의 말씀을 가지라

(참조. 엡 6:11-18, 전신갑주)

히 4:12 하나님의 말씀은 살아 있고 활력이 있어 좌우에 날 선 어떤 검보다도 예리하여 혼과 영과 및 관절과 골수를 찔러 쪼개기까지 하며 또 마음의 생각과 뜻을 판단하나니

엡 4:13 우리가 다 하나님의 아들을 믿는 것과 아는 일에 하나가 되어 온전한 사람을 이루어 그리스도의 장성한 분량이 충만한 데까지 이르리니

* 믿는 것과 아는 것은 (엡 4:13)

믿는 것은, 예수님은 하나님의 아들이시며 그리스도이심을 믿는 것이다 (요 20:30-31).

마 16:16 시몬 베드로가 대답하여 이르되 주는 그리스도시요 살아 계신 하나님의 아들이시니이다

아는 일은, 말씀에 순종하는 것이다 (요 1:1, 14, 18, 6:28-48).

요 6:68 시몬 베드로가 대답하되 주여 영생의 말씀이 주께 있사오니 우리가 누구에게로 가오리이까

영생의 말씀에 순종하는 것이다.

참고 : 믿어 순종하게 하나니 (롬 1:5)

　　　　믿어 순종하게 하시려고 (롬 16:26)

주기도문 5.
우리가 우리에게 죄지은 자를 사하여 준 것같이 우리 죄를 사하여 주시옵고 (원죄와 자범죄)

'죄'는 헬라어로 '하마르티아'이며 '과녁에서 벗어나다'라는 뜻이다. 하나님의 뜻에서 벗어나 하나님의 명령을 어기는 것이 죄라는 말이다 (창 3:6, 창 6:3).

* **선악과** (창 3:6)

전 7:20 선을 행하고 전혀 죄를 범하지 아니하는 의인은 세상에 없기 때문이로다 (참조. 롬 3:10, 23)

시 49:8 그들의 생명을 속량하는 값이 너무 엄청나서 영원히 마련하지 못할 것임이니라

* 타락한 인류의 모습이 바로 나의 모습이다.

롬 1:21-24 하나님을 알되 하나님을 영화롭게도 아니하며 감사하지도 아니하고 오히려 그 생각이 허망하여지며 미련한 마음이 어두워졌나니 스스로 지혜 있다 하나 어리석게 되어 썩어지지 아니하는 하나님의 영광을 썩어질 사람과 새와 짐승과 기어다니는 동물 모양의 우상으로 바꾸었느니라 그러므로 하나님께서 그들을 마음의 정욕대로 더러움에 내버려 두사 그들의 몸을 서로 욕되게 하게 하셨으니

롬 1:25 이는 그들이 하나님의 진리를 거짓 것으로 바꾸어 피조물을 조물주보다 더 경배하고 섬김이라 주는 곧 영원히 찬송할 이시로다 아멘

롬 1:28-30 또한 그들이 마음에 하나님 두기를 싫어하매 하나님께서 그들을 그 상실한 마음대로 내버려 두사 합당하지 못한 일을 하게 하셨으니 곧 모든 불의, 추악, 탐욕, 악의가 가득한 자요 시기, 살인, 분쟁, 사기, 악독이 가득한 자요 수군수군하는 자요 비방하는 자요 하나님께서 미워하시는 자요 능욕하는 자요 교만한 자요 자랑하는 자요 악을 도모하는 자요 부모를 거역하는 자요

시 62:9 아, 슬프도다 사람은 입김이며 인생도 속임수이니 저울에 달면 그들은 입김보다 가벼우리로다

성막의 지성소로서의 삶은 예수님과 연합한 삶이요, 성령과 연합한 심령의 성전의 삶이다.

고전 6:17 주와 합하는 자는 한 영이니라

유 1:20-21 사랑하는 자들아 너희는 너희의 지극히 거룩한 믿음 위에 자신을 세우며 성령으로 기도하며 하나님의 사랑 안에서 자신을 지키며 영생에 이르도록 우리 주 예수 그리스도의 긍휼을 기다리라

보배로운 피만이 죄에서 구원하고 성령의 능력은 영원한 부활 생명이다. 성령님의 도우심으로 창조 목적을 감당하며 대계명과 대사명을 감당하는 멋진 그리스도인이 되는 것이 우리의 목표이다. 땅의 시각이 아닌 하늘의 시각을 갖는 폭 넓은 성령님의 터치가 중요하다.

1) 원죄의 유입

최초의 인간에게 원죄가 들어왔다.

창 3:6 여자가 그 나무를 본즉 먹음직도 하고 보암직도 하고 지혜롭게 할 만큼 탐스럽기도 한 나무인지라 여자가 그 열매를 따 먹고 자기와 함께 있는 남편에게도 주매 그도 먹은지라 (참조. 요일 2:16)

이로 말미암아 사람은 허물과 죄로 죽었고 본질상 진노의 자녀였다 (엡 2:1-3). 그러나 하나님은 여자의 후손으로 뱀의 머리를 상하게 할 것을 선포하셨다 (창 3:15; 갈 4:4; 히 2:14; 요일 3:8).

> 창 3:15 내가 너로 여자와 원수가 되게 하고 네 후손도 여자의 후손과 원수가 되게 하리니 여자의 후손은 네 머리를 상하게 할 것이요 너는 그의 발꿈치를 상하게 할 것이니라 하시고

노아의 무지개는 언약의 증거이다 (창 9:11-13).
아브라함의 할례는 영원한 언약이다 (창 17:7-10).
모세가 뿌린 피는 언약의 피이다 (출 24:6-8; 마 26:28, 죄 사함의 언약의 피).

다윗이 성전 건축을 준비하였고, 솔로몬이 성전을 건축했다 (삼하 7:12-13; 왕상 6:1, 9:3; 요 2:21). 46년 동안 지은 헤롯 성전, 이들의 성전은 눈에 보이는 성전이었으나 예수님이 자신이 성전이며 (요 2:21), 십자가에서 죽으시고 부활하시며 승천하시어 성령으로 믿는 사람들 심령에 오셔서 세우신 성전은 심령 성전이다 (고전 3:16).

* 하나님께서 이스라엘과 새 언약을 맺으심

렘 31:31-34 (참조. 롬 3:25, 8:2-3, 6; 히 8:10, 12).

2) 인류의 죄의 모습

원죄와 자범죄는 예수님의 보배로운 피로만 죄 사함을 받을

수 있다 (엡 1:7; 요일 1:7; 계 1:5; 골 1:14).

렘 17:9 만물보다 거짓되고 심히 부패한 것은 마음이라

마 15:18-19 입에서 나오는 것들은 마음에서 나오나니 이것이 야말로 사람을 더럽게 하느니라 마음에서 나오는 것은 악한 생각과 살인과 간음과 음란과 도둑질과 거짓 증언과 비방이니

막 7:21-22 속에서 곧 사람의 마음에서 나오는 것은 악한 생각 곧 음란과 도둑질과 살인과 간음과 탐욕과 악독과 속임과 음탕과 질투와 비방과 교만과 우매함이니

렘 2:13 내 백성이 두 가지 악을 행하였나니 곧 그들이 생수의 근원 되는 나를 버린 것과 스스로 웅덩이를 판 것인데 그것은 그 물을 가두지 못할 터진 웅덩이들이니라

아담과 하와가 선악과를 먹기 전에 **하나님**은 창세기 1-2장에서 구원하실 방법을 제시하셨다 (창 2:10-17). **하나님**의 의와 행복을 얻는 4대강의 복이 있다.

① 첫째 강의 비손이 있다 (**하나님**의 의와 행복을 얻는 베델리엄과 호마노).
② 둘째 강의 이름은 기혼으로 구스 온 땅을 둘렀다고 했는데 (창 2:13), 구스 (에티오피아) 곧 온 인류의 피부가 검게 표현된 것은 죄인임을 암시한다.
③ 셋째 강의 이름은 힛데겔이라. 이것은 회개하여 **성령** 받는

것이다.

❹ 넷째 강은 유브라데더라. 이것은 성령 받아 성령의 열매를 맺으며 능력 있는 삶을 말한다. 죄를 이길 수 있는 능력, 사랑할 수 있는 능력, 말씀에 순종할 수 있는 능력, 증인의 삶을 살 수 있는 능력, 성숙, 성장하여 예수 그리스도의 성품으로 사명을 감당하는 능력은 영적으로 이기는 자의 삶을 말한다.

* 온 인류의 죄는 인간 스스로 해결할 수 없다.

> 렘 13:23 구스인이 그의 피부를, 표범이 그의 반점을 변하게 할 수 있느냐 할 수 있을진대 악에 익숙한 너희도 선을 행할 수 있으리라 (렘 2:22)

이 말씀에 대한 대답을 예레미야 23장 5-6절을 통해 알 수 있다. 오직, 예수님의 피로 죄 사함을 받아 의롭게 된다.

> 렘 23:5-6 여호와의 말씀이니라 보라 때가 이르리니 내가 다윗에게 한 의로운 가지를 일으킬 것이라 그가 왕이 되어 지혜롭게 다스리며 세상에서 정의와 공의를 행할 것이며 그의 날에 유다는 구원을 받겠고 이스라엘은 평안히 살 것이며 그의 이름은 여호와 우리의 공의라 일컬음을 받으리라

> 요 3:14-15 모세가 광야에서 뱀을 든 것같이 인자도 들려야 하리니 이는 그를 믿는 자마다 영생을 얻게 하려 하심이니라

요 16:9 죄에 대하여라 함은 그들이 나를 믿지 아니함이요

* 바울을 통해 인류가 죄인임을 드러내셨다.

롬 1:25 이는 그들이 하나님의 진리를 거짓 것으로 바꾸어 피조물을 조물주보다 더 경배하고 섬김이라 주는 곧 영원히 찬송할 이시로다 아멘

로마서 1장은 이방인의 죄, 2장은 유대인의 죄를 말하고 있으며, 3장 10절에서는 "의인은 없나니", 3장 23절에서는 "모든 사람이 죄를 범하였으매"라고 하였다. 모든 인류는 죄인이다 (롬 5:12; 전 7:20). 죄인의 결과는 어떠한가? 로마서 6장 23절에서 죄의 삯은 사망이라고 했다.

막 2:17 …나는 의인을 부르러 온 것이 아니요 죄인을 부르러 왔노라 하시니라

성령으로 창조주 하나님 앞에서 내가 죄인임을 고백하고 인격적으로 예수님을 만나야 한다.

* 그러면 성경에서 죄의 종류를 찾아보자.

1. 영, 혼, 몸의 죄 - 엡 1:4-14, 창세전에 계획하신 십자가의 사랑, 창 3:6, 선악과를 먹음 (원죄), 모든 사람이 죄인임 (롬 3:23, 자범죄- 지식, 감정, 의지)

① 불법 - 요일 3:4
"죄를 짓는 자마다 불법을 행하나니 죄는 불법이라."
② 불의 - 요일 5:17
"모든 불의가 죄로되 사망에 이르지 아니하는 죄도 있도다."
③ 불선 - 약 4:17
"…사람이 선을 행할 줄 알고도 행하지 아니하면 죄니라."
④ 불신 - 롬 14:23
"…믿음을 따라 하지 아니하는 것은 다 죄니라."

잠 28:9 사람이 귀를 돌려 율법을 듣지 아니하면 그의 기도도 가증하니라

롬 6:23 죄의 삯은 사망이요 **하나님**의 은사는 **그리스도 예수** 우리 **주** 안에 있는 영생이니라

롬 8:6 육신의 생각은 사망이요 **영**의 생각은 생명과 평안이니라

롬 3:20하 …율법으로는 죄를 깨달음이니라

사 42:6-7 나 **여호와**가 의로 너를 불렀은즉 내가 네 손을 잡아 너를 보호하며 너를 세워 백성의 언약과 이방의 빛이 되게 하리니 네가 눈먼 자들의 눈을 밝히며 갇힌 자를 감옥에서 이끌어 내며 흑암에 앉은 자를 감방에서 나오게 하리라

골 1:13-14 그가 우리를 흑암의 권세에서 건져내사 그의 사랑의 아들의 나라로 옮기셨으니 그 아들 안에서 우리가 속량 곧 죄 사함을 얻었도다

엡 2:13 이제는 전에 멀리 있던 너희가 그리스도 예수 안에서 그리스도의 피로 가까워졌느니라

갈 3:13-14 그리스도께서 우리를 위하여 저주를 받은 바 되사 율법의 저주에서 우리를 속량하셨으니 기록된바 나무에 달린 자마다 저주 아래에 있는 자라 하였음이라 이는 그리스도 예수 안에서 아브라함의 복이 이방인에게 미치게 하고 또 우리로 하여금 믿음으로 말미암아 성령의 약속을 받게 하려 함이라

엡 1:4-5 곧 창세전에 그리스도 안에서 우리를 택하사 우리로 사랑 안에서 그 앞에 거룩하고 흠이 없게 하시려고 그 기쁘신 뜻대로 우리를 예정하사 예수 그리스도로 말미암아 자기의 아들들이 되게 하셨으니

벧전 1:9 믿음의 결국 곧 영혼의 구원을 받음이라 (히 10:39)

천국에 들어가도록 구원 (딤후 4:18; 벧전 1:5; 빌 2:12)

행 4:12 다른 이로써는 구원을 받을 수 없나니 천하 사람 중에 구원을 받을 만한 다른 이름을 우리에게 주신 일이 없음이라

요 14:6 예수께서 이르시되 내가 곧 길이요 진리요 생명이니 나로 말미암지 않고는 아버지께로 올 자가 없느니라

요 11:25 예수께서 이르시되 나는 부활이요 생명이니 나를 믿는 자는 죽어도 살겠고

롬 4:3 성경이 무엇을 말하느냐 아브라함이 하나님을 믿으매 그것이 그에게 의로 여겨진 바 되었느니라

요일 1:7 …그 아들 예수의 피가 우리를 모든 죄에서 깨끗하게 하실 것이요 (참조. 엡 1:7; 골 1:14)

* 예수님의 피로써 주신 것은
① 죄에서의 구원 (요일 1:7; 엡 1:7; 골 1:14; 계 1:5; 출 6:6)
② 환경에서의 구원 (출 6:7; 삼상 4:3; 마 8:25, 9:22)
③ 영혼의 구원이다 (벧 1:9; 출 6:8; 히 10:39; 빌 2:12).

* 예수님의 피로써 주신 자유는
① 하나님의 형벌에서의 자유 (롬 8:1-2; 히 10:17)
② 율법의 저주에서의 자유이다 (갈 3:13-14).
③ 마귀의 참소에서의 자유 (계 12:10; 눅 10:19)

엡 1:13-14 그 안에서 너희도 진리의 말씀 곧 너희의 구원의 복음을 듣고 그 안에서 또한 믿어 약속의 성령으로 인 치심을 받

앉으니 이는 우리 기업의 보증이 되사 그 얻으신 것을 속량하시고 그의 영광을 찬송하게 하려 하심이라

롬 3:24 그리스도 예수 안에 있는 속량으로 말미암아 하나님의 은혜로 값 없이 의롭다 하심을 얻은 자 되었느니라 (롬 3:4)

요 3:5 …사람이 물과 성령으로 나지 아니하면 하나님의 나라에 들어갈 수 없느니라

고후 1:22 그가 또한 우리에게 인 치시고 보증으로 우리 마음에 성령을 주셨느니라

롬 8:16 성령이 친히 우리의 영과 더불어 우리가 하나님의 자녀인 것을 증언하시나니

고전 6:17 주와 합하는 자는 한 영이니라

고후 5:17 그런즉 누구든지 그리스도 안에 있으면 새로운 피조물이라 이전 것은 지나갔으니 보라 새 것이 되었도다

나에게 말씀을 적용하는 가장 중요한 목적은 이기는 자의 삶이다. 다른 사람의 실수를 용서하는 것은 하나님의 사랑을 경험한 자만 할 수 있다. 사람과의 관계에서 내가 먼저 이웃의 연약함과 실수를 용납하는 것도 성령의 도우심으로만 가능하다.

마 18:22 예수께서 이르시되 네게 이르노니 일곱 번뿐 아니라 일곱 번을 일흔 번까지라도 할지니라

마 18:18 진실로 너희에게 이르노니 무엇이든지 너희가 땅에서 매면 하늘에서도 매일 것이요 무엇이든지 땅에서 풀면 하늘에서도 풀리리라

마 6:14-15 너희가 사람의 잘못을 용서하면 너희 하늘 아버지께서도 너희 잘못을 용서하시려니와 너희가 사람의 잘못을 용서하지 아니하면 너희 아버지께서도 너희 잘못을 용서하지 아니하시리라

다른 사람을 용서하지 못하는 것은 원죄를 용서받지 못했든지, 영적으로 미성숙자로 십자가의 능력을 체험하지 못했기 때문이다. **보혈**은 나를 위해 흘리셨지만 다른 사람을 위해서도 흘리셨다는 것을 알아야 한다.

성령으로 거듭나야 들림을 받든지 첫째 부활에 참여하는 자가 된다.

나에게 상처와 큰 피해를 입힌 자를 용서의 대상으로 보아야 한다. 창조주 **하나님**께서 나를 위해 흘리신 **보혈**의 능력을 **성령** 안에서 경험하며 무조건 용서해야 한다. 이것이 내가 영적으로 사는 길이다. 상대도 역시 **하나님**의 자녀이다.

우리가 육체를 입고 있는 동안에는 늘 죄의 성품이 있고, 늘 실수와 죄가 있다. 쓴 뿌리를 제거하는 만큼 **하나님**의 용서를 경

험한 자로서 타인의 연약함도 이해하고 넘어갈 수 있다. 다른 사람을 미워하고 용서하지 못하고 정죄하고 있으면 참 평강이 없고 율법 아래에 묶여 있게 된다.

*** 성경에 용서할 줄 모르는 종의 비유가 나온다 (마 18:21-35).**
하나님께 만 달란트 (원죄)를 탕감받았기에 다른 사람의 실수와 윤리도덕적 잘못, 티 (자범죄)를 용서해야 한다. 하나님의 사랑을 받은 자는 용서하며 섬기며 살도록 하나님께서 이끄신다.
지옥 갈 영혼의 죗값 만 달란트를 탕감받았으니 용서와 이해와 기도로 악에게 지지 않고 선으로 악을 이기며 예수 그리스도 안에서 감사할 뿐이다.

> **마 18:35** 너희가 각각 마음으로부터 형제를 용서하지 아니하면 나의 하늘 아버지께서도 너희에게 이와 같이 하시리라

> **마 6:14-15** 너희가 사람의 잘못을 용서하면 너희 하늘 아버지께서도 너희 잘못을 용서하시려니와 너희가 사람의 잘못을 용서하지 아니하면 너희 아버지께서도 너희 잘못을 용서하지 아니하시리라

> **막 11:25** 서서 기도할 때에 아무에게나 혐의가 있거든 용서하라 그리하여야 하늘에 계신 너희 아버지께서도 너희 허물을 사하여 주시리라 하시니라

고후 2:10 너희가 무슨 일에든지 누구를 용서하면 나도 그리하고 내가 만일 용서한 일이 있으면 용서한 그것은 너희를 위하여 그리스도 앞에서 한 것이니

벧전 4:8 무엇보다도 뜨겁게 서로 사랑할지니 사랑은 허다한 죄를 덮느니라

요일 5:10-12 하나님의 아들을 믿는 자는 자기 안에 증거가 있고 하나님을 믿지 아니하는 자는 하나님을 거짓말하는 자로 만드나니 이는 하나님께서 그 아들에 대하여 증언하신 증거를 믿지 아니하였음이라 증거는 이것이니 하나님이 우리에게 영생을 주신 것과 이 생명이 그의 아들 안에 있는 그것이니라 아들이 있는 자에게는 생명이 있고 하나님의 아들이 없는 자에게는 생명이 없느니라

요 5:26-27 아버지께서 자기 속에 생명이 있음같이 아들에게도 생명을 주어 그 속에 있게 하셨고 또 인자 됨으로 말미암아 심판하는 권한을 주셨느니라

주기도문 6.
우리를 시험에 들게 하지 마시옵고 다만 악에서 구하시옵소서

1) 시험에 들게 하지 마시옵고

사람의 관점에서 사람의 윤리도덕으로 섭섭해서, 감정들이 상해서 시험 들었다는 말을 많이 사용하나 이것은 틀린 것이다. 하나님의 뜻을 왜곡하는 것이 시험이다. 하나님께서 의도하신 뜻을 사람의 지식이나 윤리도덕으로 풀어내어 말씀을 왜곡하는 것이 시험이다.

하나님의 말씀은 성령께서 쓰셨기에 성령으로만 하나님의 뜻을 알 수 있다. 하나님의 목적과 의도한 뜻을 성령으로 조명을 받아 깨달아야 예수 그리스도를 깊이 만난다.

고전 2:10 오직 **하나님**이 **성령**으로 이것을 우리에게 보이셨으니 **성령**은 모든 것 곧 **하나님**의 깊은 것까지도 통달하시느니라

요 3:5 예수께서 대답하시되 진실로 진실로 네게 이르노니 사람이 물과 **성령**으로 나지 아니하면 **하나님**의 나라에 들어갈 수 없느니라

고전 6:17 주와 합하는 자는 한 영이니라

경건한 자손을 얻기 위해 한 영을 주셨다 (말 2:15). **하나님**의 뜻과 목적에 따라 **성령**으로 기도하며 진리에 세워져야 성장하여 이기는 자가 된다.

유 1:20-21 사랑하는 자들아 너희는 너희의 지극히 거룩한 믿음 위에 자신을 세우며 **성령**으로 기도하며 **하나님**의 사랑 안에서 자신을 지키며 영생에 이르도록 우리 **주 예수 그리스도**의 긍휼을 기다리라

고전 1:21 하나님의 지혜에 있어서는 이 세상이 자기 지혜로 **하나님**을 알지 못하므로 **하나님**께서 전도의 미련한 것으로 믿는 자들을 구원하시기를 기뻐하셨도다

그러므로 우리는 시험에 들지 않고 악한 자인 마귀로부터 구해 주시기를 간구해야 한다.

사람의 생각이나 지식, 이성으로 성경을 해석하면 자기 꾀와 악에 빠진다.

고전 3:19-20 이 세상 지혜는 하나님께 어리석은 것이니 기록된 바 하나님은 지혜 있는 자들로 하여금 자기 꾀에 빠지게 하시는 이라 하였고 또 주께서 지혜 있는 자들의 생각을 헛것으로 아신다 하셨느니라

고전 2:13 우리가 이것을 말하거니와 사람의 지혜가 가르친 말로 아니하고 오직 성령께서 가르치신 것으로 하니 영적인 일은 영적인 것으로 분별하느니라

고전 2:5 너희 믿음이 사람의 지혜에 있지 아니하고 다만 하나님의 능력에 있게 하려 하였노라

2) 다만 악에서 구하시옵소서 (기도의 중요성)

성령님을 의지하며 도우심을 구하는 것이 중요하다. 하나님께서는 모든 사람에게 하나님 나라의 행복과 영생으로 영원한 자유를 주시는 분이다. 사람들에게 자유의지를 주셨지만 사탄, 마귀, 악한 자인 뱀의 꾀임에 미혹되어 아담과 하와는 선악과를 먹었다. 그럼으로써 영생권과 교통권과 만물 통치권을 사탄, 마귀에게 빼앗겼다. 거짓의 아비인 사탄, 마귀는 이 세상의 공중권세 잡은 자로 임금이요 신으로 세상 것을 집착하도록 미혹한다.

고후 4:4 그 중에 이 세상 신이 믿지 아니하는 자들의 마음을 혼미케 하여 그리스도의 영광의 복음의 광채가 비취지 못하게 함이니 그리스도는 하나님의 형상이니라

공중권세 잡은 자들의 배후의 역사가 지금도 이 세상을 쥐고 있는 듯하나 하나님의 주권적 통치하시는 역사는 신실하게 진행되고 있음을 확신하라.

고후 10:4-5 우리의 싸우는 무기는 육신에 속한 것이 아니요 오직 어떤 견고한 진도 무너뜨리는 하나님의 능력이라 모든 이론을 무너뜨리며 하나님 아는 것을 대적하여 높아진 것을 다 무너뜨리고 모든 생각을 사로잡아 그리스도에게 복종하게 하니

세상 문화, 문명 안에서는 하나님의 생명이 없는 것들이 세상을 주도하고 있다. 주도면밀하게 톱니바퀴가 맞물려 돌아가듯 돌아가고 있다. 이 모든 배후에는 사탄, 마귀의 역사가 있음을 알지만, 그것조차 허용하시며 예언을 성취하시는 하나님의 시간표 안에서 주권적인 결말이 있음을 말씀으로 안다.

영원한 생명 부활의 믿음으로 우리는 이를 분명히 알기에 거룩한 믿음 위에서 성령으로 기도하고 인내하며 끝까지 이기는 삶을 살며 하나님께 영광과 찬송을 올려드리기를 소망한다.

물질의 풍요 속에서 모든 사람이 육신의 생명을 담보하여 목구멍이 포도청이 되어 번영과 성공이란 이름에 마음과 생각이 사로잡힌 포로가 되어 끌려가고 있다. 경제적으로는 풍요로우나 그

안에서 영혼들은 빈곤하고, 사회의 혼란은 이념 사상의 차이로 가중되고 있다. 권력과 입법의 힘을 가진 자들이 나라의 장래를 위한 수고보다 자기의 이익에 따라 움직이는 집단이 되어 전 세계가 통제 사회로 가고 있다.

이런 사탄의 권세와의 싸움에서 승리하는 길은 전신갑주를 입는 것이다. 오직 **하나님**의 말씀을 붙잡는 것이다 (엡 6:11-17).

종교의 영, 좌경화의 영, 정치의 영, 경제의 영으로 세계는 통제 사회가 되어가고 혼합주의가 만연하다. 거짓의 아비인 마귀의 종이 되고 죄와 사망의 포로가 된 자들의 모습은 방황 속에서 출구를 찾지 못해 슬퍼하는 모습이며, 아픔만 되풀이하다 마침내 심판대 앞에 서게 된다.

사탄, 마귀의 종 된 인간이 저지른 죄로부터 오는 결과로 온통 혼란과 염려와 걱정으로 가득한 세상은, 소망 대신 아픔과 슬픔과 찢어지는 전쟁의 고통의 소리만 커지는 마지막 시대이다.

가정들의 흔들림은 장래의 상처가 될 것이므로 사회의 더 큰 보듬어 줌이 필요하다. 각종 질병으로 아픔과 슬픔의 눈물을 흘리는 모든 사람들의 영혼을 귀히 여겨, 그들의 질병이 치유되고 복음으로, 생명의 소망으로 일어서길 바란다.

각종 지식의 책이 쌓이고 있다. 미국 국회에는 약 1,000만 권의 책이 있다. 대한민국 국회에는 약 100만 권의 책이 있다고 한다. 이 세상에서 잘살 수 있도록 돈 벌고 성공하고 육신이 건강해지도록 가이드하는 책들이 수북하다. 지식의 홍수 시대이자 수많은 의학이 발달해도 오히려 각종 질병에 시달리고 병든 사람들의 신음소리는 더 커지기만 한다. 과학이 아무리 발달해도 사람의 행복은 없고 불안과 답답함의 무게를 더 크게 느낀다. 사람들이 고도의 기술로 AI를 만들지만 앞으로는 그들의 위협 또한 만만치 않을 것이다.

아담 안에 있는 자는 율법 아래 있는 자로 죄와 사망과 저주의 포로가 된 것이다. 모든 사람을 속이는 자로 인해 세상 것으로만 만족하다가 유황 불구덩이 지옥으로 같이 간다.

사탄은 예수님이 하나님의 아들이시며 그리스도이심을 믿지 못하게 하는 악한 거짓의 아비이며 방해꾼이다. 예수 그리스도의 부활 생명을 소유한 믿음이 있는 우리 모두는 영적 전쟁 중에 있다. 전신갑주를 입고 예수 그리스도 이름으로 싸움에서 이기는 자가 되어야 한다.

아담 안에 있는 자가 그리스도 안으로 들어와야 한다 (율법 아래에서 복음 안으로). 오늘도 예수 그리스도는 모든 인생의 문제의 해답이다.

이 세상은 악한 마귀의 놀이터이다. 합법적으로 진화론을 배우게 함으로 처음부터 하나님이 없는, 창조의 하나님을 대적하는 길을 가는 인생들이다. 각종 조직과 편향된 이념 사상과 세상 문화와 문명 가운데서 이 세상의 모든 시스템이 인본적으로 진행되어 가는 것을 확연히 알 수 있다.

인류를 죄와 사망에서 구원하는 생명의 책은 오직 하나님의 말씀이 기록된 성경 한 권뿐이다. 하나님의 말씀은 영혼을 구원하고 이 세상에서도 승리하는 지혜와 능력을 주신다. 영적 전쟁의 승리자로 세워지기 위해서는 반드시 전신갑주가 필요하다. 그러므로 사탄의 세력을 예수님의 피와 성령으로 결박하라.

> 엡 6:11-12 마귀의 간계를 능히 대적하기 위하여 하나님의 전신 갑주를 입으라 우리의 씨름은 혈과 육을 상대하는 것이 아니요 통치자들[정사]과 권세들과 이 어둠의 세상 주관자들과 하늘에 있는 악의 영들을 상대함이라

그러기 위해서는 거짓 사도들과 사탄의 일꾼을 골라내는 분별력과 통찰력이 필요하다.

> 고후 11:13-15 그런 사람들은 거짓 사도요 속이는 일꾼이니 자기를 그리스도의 사도로 가장하는 자들이니라 이것은 이상한 일이 아니니라 사탄도 자기를 광명의 천사로 가장하나니 그러므로 사탄의 일꾼들도 자기를 의의 일꾼으로 가장하는 것이 또한 대단한 일이 아니니라 그들의 마지막은 그 행위대로 되리라

악한 자 마귀에게 미혹과 유혹을 받지 않게 성령님의 도우심과 인도함을 날마다 구해야 한다. 믿음의 삶에서 마귀의 속임에 빠져 마귀의 하수인이 되는 자가 많으니 하나님의 창조 목적에 확고하게 서 있어야 한다.

> 마 6:24 한 사람이 두 주인을 섬기지 못할 것이니 혹 이를 미워하고 저를 사랑하거나 혹 이를 중히 여기고 저를 경히 여김이라

너희가 하나님과 재물을 겸하여 섬기지 못하느니라

요일 3:8 죄를 짓는 자는 마귀에게 속하나니 마귀는 처음부터 범죄 함이라 하나님의 아들이 나타나신 것은 마귀의 일을 멸하려 하심이라

마 13:19 아무나 천국 말씀을 듣고 깨닫지 못할 때는 악한 자가 와서 그 마음에 뿌려진 것을 빼앗나니 이는 곧 길가에 뿌려진 자요

엡 6:16 모든 것 위에 믿음의 방패를 가지고 이로써 능히 악한 자의 모든 불화살을 소멸하고

우리는 5대 믿음의 방패로 마귀를 이길 수 있다 (엡 6:11-17, 전신갑주를 입으라).
- ① 창조의 믿음 (창 1:1; 요 1:1-3; 히 11:3; 롬 11:36)
- ② 임마누엘의 믿음 (마 1:23; 28:20; 사 7:14; 수 1:8-9; 요 8:29)
- ③ 십자가의 믿음 (마 16:21, 27:26-50; 사 53:4-6; 막 8:27-31; 눅 9:18-22)
- ④ 부활의 믿음 (고전 15:3-8, 20, 23; 살전 4:16-17; 계 20:4-5)
- ⑤ 재림의 믿음 (요 14:1-3; 행 1:11; 막 13:1-37; 마 24:3-28; 눅 21:5-19)

※ "대개"의 뜻

사전적으로 사용하는 말은 큰 대, 덮을 개를 써서 "일의 큰 원칙으로 말하건대"라는 뜻의 부사이다. 원어상으로 "대개"는 헬라

어로는 "호티"의 번역으로 접속사이다. 큰 원칙으로 보건대의 뜻으로 현대어로는 "왜 그런가 하면"이다. 앞에서 드린 주기도문의 결론 기도로서 전체 기도의 마지막 부분의 이유를 설명하는 결론이다.

왜 그런가 하면 앞에서 드린 기도의 목적으로 근원을 밝히는데 바로 "나라와 권세와 영광이 아버지께 있나이다"를 말하는 것이다.

하나님이 일하시는 큰 원칙을 볼 때 또는 나라와 권세와 영광을 돌리며 경배하는 것이다. "대개"는 아름답고 귀한 기도문의 결론으로 연결하는 것이다. 주기도문을 찬양할 때마다 그 의미를 되새기며 감사하자.

주기도문 7.
나라와 권세와 영광이 아버지께 영원히 있사옵나이다 아멘

1) 나라와

하나님의 나라를 주시는 것이 아버지의 뜻이다.
예수님께서 이 땅에 오신 목적, 성경의 목적은 믿는 자에게 하나님의 나라를 주시는 것이다. 아버지 하나님의 의의 영원한 나라이다. 하나님의 나라는 예수님의 피로 죄 사함을 받고 성령으로 거듭나야 들어갈 수 있다 (요 3:5). 우리가 믿는 것은 예수님은 하나님의 아들이시며 그리스도이시다.

갈 3:27 누구든지 그리스도와 합하기 위하여 세례를 받은 자는 그리스도로 옷 입었느니라

창 18:19 내가 그로 그 자식과 권속에게 명하여 **여호와**의 도를 지켜 의와 공도를 행하게 하려고 그를 택하였나니 이는 나 **여호와**가 아브라함에게 대하여 말한 일을 이루려 함이니라

시 89:14 의와 공의가 **주**의 보좌의 기초라 인자함과 진실함이 **주** 앞에 있나이다

하늘들과 땅과 우주 가운데 모든 것이 **하나님**의 의에 기초를 두고 있다. **하나님**의 보좌의 기초가 또한 우리 구원의 기초이다.

* 창세기 12:1-3에서 아브라함을 부르셔서 약속하신 것
① 내가 너로 큰 민족을 이루게 하겠다.
구약에서는 이스라엘, 신약에서는 교회와 오는 시대인 천년왕국과 새 하늘, 새 땅이다.

② 축복의 약속은 성령의 약속이다 (창 2:7; 고전 15:45; 고후 3:17).
갈 3:14 이는 그리스도 예수 안에서 아브라함의 복이 이방인에게 미치게 하고 또 우리로 하여금 믿음으로 말미암아 **성령**의 약속을 받게 하려 함이라

* 하나님의 나라 (단 2:34-35, 44, 만유의 주 예수 그리스도이시다)
단 2:44-45 이 여러 왕들의 시대에 하늘의 **하나님**이 한 나라를 세우시리니 이것은 영원히 망하지도 아니할 것이요 그 국권이 다른 백성에게로 돌아가지도 아니할 것이요 도리어 이 모든 나라를 쳐서 멸망시키고 영원히 설 것이라 손대지 아니한 돌이

산에서 나와서 쇠와 놋과 진흙과 은과 금을 부서뜨린 것을 왕
께서 보신 것은 크신 **하나님**이 장래 일을 왕께 알게 하신 것이라
이 꿈은 참되고 이 해석은 확실하니이다 하니

단 7:14 그에게 권세와 영광과 나라를 주고 모든 백성과 나라들
과 다른 언어를 말하는 모든 자들이 그를 섬기게 하였으니 그의
권세는 소멸되지 아니하는 영원한 권세요 그의 나라는 멸망하지
아니할 것이니라

성령받은 우리를 **하나님**께서 **예수 그리스도** 안에서 왕 같은 제사장으로 세우셨다. **하나님**의 통치는 모든 곳에 미치며, **하나님**은 이 땅의 지구와 2층천, 3층천, 땅 아래, 음부, 지옥까지를 다 통치하는 분이시다. **하나님**의 주권적 경륜 안에서 통치 영역을 보는 시각, 하늘 시각을 소유하라.

　하나님의 구원 계획을 늘 묵상하며 열방의 믿는 모든 자들이 **하나님**의 나라를 주시길 원하는 것으로 **예수 그리스도**의 **피** 흘리심과 **성령**의 임재를 감사로 찬양하는 것이다.

　주기도문을 주신 목적은 피조물이 창조주와의 관계에서 올바른 기도를 하도록 하기 위함이다. **하나님**의 나라와 권세를 가지고 주권적으로 역사하시는 **하나님**의 능력을 인정하고 고백하는 자로서 **하나님**께 영광을 돌려야 한다.

2) 권세와

삼위 하나님은 거룩하시고 전지전능하신 분이시다.
권세를 가지신 예수 그리스도의 이름을 우리에게 주셨다.

> 마 28:18 …하늘과 땅의 모든 권세를 내게 주셨으니
> 계 19:16 …만왕의 왕이요 만주의 주라 하였더라

> 빌 2:10-11 하늘에 있는 자들과 땅에 있는 자들과 땅 아래에 있는 자들로 모든 무릎을 예수의 이름에 꿇게 하시고 모든 입으로 예수 그리스도를 주라 시인하여 하나님 아버지께 영광을 돌리게 하셨느니라

그 권세의 크심을 묵상하며 인정하라. (사 29:16; 롬 9:21)
예수 그리스도는 만유의 주로 피조물을 다스리는 통치권이 다 그 손안에 있다. 무한한 권세를 가지고 있으며 무소부재하신 분이자 전지하신 분이다. 생사화복을 주관하는 모든 생명의 주인으로서 모든 것을 할 수 있는 전능하신 분이다.
만물을 창조하신 분으로서 늘 그 권세를 묵상하는 자에게 영, 혼, 육의 일용할 양식을 주시고 그 삶의 영원한 목자 되심과 특별 은총을 주신다. 그 사실에 늘 감사하라.

> 딤전 4:5 하나님의 말씀과 기도로 거룩하여짐이라

시 36:9 진실로 생명의 원천이 주께 있사오니 주의 빛 안에서 우리가 빛을 보리이다

계 3:7 빌라델비아 교회의 사자에게 편지하라 거룩하고 진실하사 다윗의 열쇠를 가지신 이 곧 열면 닫을 사람이 없고 닫으면 열 사람이 없는 그가 이르시되

마 25:34 그때에 임금이 그 오른편에 있는 자들에게 이르시되 내 아버지께 복 받을 자들이여 나아와 창세로부터 너희를 위하여 예비된 나라를 상속받으라

마 25:41 또 왼편에 있는 자들에게 이르시되 저주를 받은 자들아 나를 떠나 마귀와 그 사자들을 위하여 예비된 영원한 불에 들어가라

마 10:28 몸은 죽여도 영혼은 능히 죽이지 못하는 자들을 두려워하지 말고 오직 몸과 영혼을 능히 지옥에 멸하실 수 있는 이를 두려워하라

십자가를 통해 이루어 놓으신 것을 이 땅에서 호흡하는 동안에 **예수 그리스도**를 믿지 않는 것이 죄가 되어 자기가 선택한 길로 죄의 삯을 받게 된다.

죄인을 택하셔서 **하나님**의 자녀로 삼으시고 구원의 선물을 천국의 상속권을 주심에 늘 감사드립니다.

3) 영광이 아버지께 영원히 있사옵나이다

삼위 하나님 자신이 영원한 영광이시다 (요 17:1-11).
'영원히 있다'는 것은 '항상 존재한다'라는 뜻으로 시간적으로 영원하며 공간적으로 무한하다는 개념이다.
성령의 기름 부으심으로 존귀하신 예수 이름을 높이며 하나님 아버지께 영광을 돌린다.
하나님의 이름은 영원한 지존자이며 아버지는 본질이다. 예수님은 본체의 형상이시며 (히 1:3), 성령님은 본영이시다.
영이신 하나님께서 말씀이 성육신 하사 십자가에서 죽고 부활하신 것이 영광이다. 영원히 감사할 내용은 십자가의 피로써 죄사함 받아 구원받은 것이다.

> 고전 15:42 죽은 자의 부활도 그와 같으니 썩을 것으로 심고 썩지 아니할 것으로 다시 살아나며 (고전 15:4-11, 51-54)

> 고전 15:57 우리 주 예수 그리스도로 말미암아 우리에게 승리를 주시는 하나님께 감사하노니

> 고전 15:41 해의 영광이 다르고 달의 영광이 다르며 별의 영광도 다른데 별과 별의 영광이 다르도다

하나님께 영광을 돌리며 예수님을 닮은 만큼, 내 자아가 죽은 만큼 새 하늘과 새 땅에 들어갔을 때 그대로 반사적으로 해, 달,

별의 영광을 허락하신다.

성경에는 창조의 목적이 분명히 기록되어 있다. **하나님**께 영광을 돌리는 것이다.

> **골 1:16-17** 만물이 그에게서 창조되되 하늘과 땅에서 보이는 것들과 보이지 않는 것들과 혹은 왕권들이나 주권들이나 통치자들이나 권세들이나 만물이 다 그로 말미암고 그를 위하여 창조되었고 또한 그가 만물보다 먼저 계시고 만물이 그 안에 함께 섰느니라

> **사 43:7** 내 이름으로 불려지는 모든 자 곧 내가 내 영광을 위하여 창조한 자를 오게 하라 그를 내가 지었고 그를 내가 만들었느니라

> **사 43:21** 이 백성은 내가 나를 위하여 지었나니 나를 찬송하게 하려 함이니라

주기도문에서 '영원히'를 살펴보자.
하나님은 영원하신 분이시다. **하나님**의 속성과 같이 모든 피조물도 영원히 살아가는 영적 존재들이다.

이 세상의 모든 사람들은 믿는 자든 불신자든 영원히 살게 된다. 다만 **예수 그리스도**를 믿는 자는 천국에서 영원히 새 하늘과 새 땅에서 살고, **예수님**을 믿지 않는 자는 지옥에서 영원히 고통과 눈물 속에서 살게 된다. 그러므로 전도와 선교가 중요하며 시

급하다.

계 21:4 모든 눈물을 그 눈에서 닦아주시니 다시는 사망이 없고 애통하는 것이나 곡하는 것이나 아픈 것이 다시 있지 아니하리니 처음 것들이 다 지나갔음이러라

계 22:5 다시 밤이 없겠고 등불과 햇빛이 쓸데없으니 이는 **주 하나님**이 그들에게 비치심이라 그들이 세세토록 왕 노릇 하리로다

계 1:8 주 하나님이 이르시되 나는 알파와 오메가라 이제도 있고 전에도 있었고 장차 올 자요 전능한 자라 하시더라

계 22:12-13 보라 내가 속히 오리니 내가 줄 상이 내게 있어 각 사람에게 그가 행한 대로 갚아주리라 나는 알파와 오메가요 처음과 마지막이요 시작과 마침이라

하나님의 말씀이 나를 통하여 이루어질 때 삼위 **하나님**께서 영광을 받으시며, 나는 **예수 그리스도**를 통하여 **하나님** 아버지께 영광을 돌리게 된다.

'아멘'은 '참으로, 진실로 그렇게 되기를 원한다'라는 뜻이다.

고후 1:20 하나님의 약속은 얼마든지 **그리스도** 안에서 예가 되

니 그런즉 그로 말미암아 우리가 아멘 하여 하나님께 영광을 돌리게 되느니라

그리스도 안에서 예가 되니, 그리스도는 '예'이시고 성육신하신 경건이 대답이시며 우리에게 하신 하나님의 모든 약속의 성취이다.

여호와 하나님께서 언약하시고 (창 3:15), 때가 차매 하나님이 그 아들을 보내사 성취하심으로 (갈 4:4-7) 믿는 모든 자에게 또한 나에게 그리스도의 말씀을 통해 성령으로 믿음의 선물, 영생을 주신 것에 대해 '아멘' 하는 것이다.

또한 하나님의 전체 구원 계획을 창세기에서 시작하여 요한계시록에서 완성하심에 '아멘' 한다. 말씀이 육신을 입고 오셔서 예언하신 것을 성취하시고, 그 모든 말씀에 담긴 하나님의 거룩한 뜻이 경륜 가운데서 이루어짐에 '아멘' 하는 것이다.

모든 말씀에 '아멘' 하는 자는 예수 그리스도께 견고히 접붙임이 된다. 이는 곧 기름 부음이요, 하나님의 형상을 나타내도록 하기 위한 거룩한 인 침이다. 하나님의 충만한 은혜의 성령께서 보증하신다. '아멘'은 하나님의 말씀과 뜻이 그대로 이루어질 것을 확신하는 믿음의 고백이다. 주기도문은 사명을 사명대로 살아가는 삶으로, 예수 그리스도 안에서 늘 마음에 각인해야 한다.

팔복의 삶을 사는 자가 사명을 감당하며 드리는 주기도문은 깊은 영성의 기도이다 (마 5:3-12).

롬 11:36 이는 만물이 주에게서 나오고 주로 말미암고 주에게로 돌아감이라 그에게 영광이 세세에 있을지어다 아멘

요일 5:10-13 하나님의 아들을 믿는 자는 자기 안에 증거가 있고 하나님을 믿지 아니하는 자는 하나님을 거짓말하는 자로 만드나니 이는 하나님께서 그 아들에 대하여 증언하신 증거를 믿지 아니하였음이라 또 증거는 이것이니 하나님이 우리에게 영생을 주신 것과 이 생명이 그의 아들 안에 있는 그것이니라 아들이 있는 자에게는 생명이 있고 하나님의 아들이 없는 자에게는 생명이 없느니라 내가 하나님의 아들의 이름을 믿는 너희에게 이것을 쓰는 것은 너희로 하여금 너희에게 영생이 있음을 알게 하려 함이라

계 22:13 나는 알파와 오메가요 처음과 마지막이요 시작과 마침이라

창조주 앞에서 내가 철저히 죄인임을 깨닫고 용서받은 자로서 의를 사모하는 복 있는 자가 되어야 하며, 그러기 위하여 하나님의 말씀대로 순종하며 살아가는 자로서 내 안에 성령님의 간섭하심이 있어야 한다.

요 8:32 진리를 알지니 진리가 너희를 자유롭게 하리라

주기도문은 하나님을 섬기며 하나님의 창조 목적을 따라, 사명대로 살기 위한 기도이다. 예수님께서 가르쳐주신 기도는 삼위 하나님께서 송축 받는 기도이다. 성령님께서 인도하시는 기도이며, 창조 목적을 성취하는 기도이다. 마땅히 성도가 해야 할 모본

의 기도이며, 늘 감사하며 찬양하며 승리하는 자의 기도이다.

> 시 119:130 주의 말씀을 열면 빛이 비치어 우둔한 사람들을 깨닫게 하나이다

> 시 119:165 주의 법을 사랑하는 자에게는 큰 평안이 있으니 그들에게 장애물이 없으리이다

예수 그리스도 안에서 구원의 기쁨과 만족과 자족한 마음으로 성령님께서 나에게 주신 영의 양식을 은혜로 나누게 되어 감사하다. 삼위일체 하나님께 영광과 찬송을 영원히 세세토록 돌립니다.

사도신경

● 사도신경

전능하사 천지를 만드신 하나님 아버지를 내가 믿사오며,
그 외아들 우리 주 예수 그리스도를 믿사오니,
이는 성령으로 잉태하사 동정녀 마리아에게 나시고,
본디오 빌라도에게 고난을 받으사 십자가에 못 박혀 죽으시고,
장사한 지 사흘 만에 죽은 자 가운데서 다시 살아나시며,
하늘에 오르사, 전능하신 하나님 우편에 앉아 계시다가,
저리로서 산 자와 죽은 자를 심판하러 오시리라.
성령을 믿사오며, 거룩한 공회와, 성도가 서로 교통하는 것과,
죄를 사하여 주시는 것과, 몸이 다시 사는 것과,
영원히 사는 것을 믿사옵나이다. 아멘.

● 사도신경 들여다보기

우리가 믿는 하나님은 거룩하신 삼위일체 하나님이시다.
'무엇을 믿느냐?'라는 질문이 간단명료하고 정확하게 집약·함축적으로 우리에게 주어졌다. 사도신경은 창조주 하나님을 믿고, 하나님의 아들이신 예수 그리스도를 믿는다고 고백한다. 신·구약 말씀을 근거로 믿음의 고백을 하도록 성경 전체의 기둥을 요약한 것이다.

사도신경, 믿음의 고백은 사도들의 고백일 뿐 아니라 지금은 믿음이 있는 자들과 바로 나의 믿음의 고백이다. 나의 삶의 믿음의 고백이며 나의 믿음의 실재가 되었으니 한없이 감사하다.

하나님께서 성경을 쓰신 목적은 무엇인가?

> 요 20:31 오직 이것을 기록함은 너희로 예수께서 하나님의 아들 그리스도이심을 믿게 하려 함이요 또 너희로 믿고 그 이름을 힘입어 생명을 얻게 하려 함이니라

전능하사 천지를 창조하신 하나님 아버지를 믿는 것과 유일하시며 영원한 생명이신 독생자 우리 주 예수 그리스도를 믿는 것은 오직 성령으로만 가능하다. 하나님의 비밀은 그리스도이며, 그리스도의 비밀은 교회로서 신부로 세워 나가는 것이다. 성령이 거하는 심령의 성전으로서 하나님의 아들이요 그리스도의 몸과 지체와 신부로 영원한 새 하늘과 새 땅에 들어가는 것이다.

내가 철저한 죄인임을 성령으로 깨달아 회개함으로 죄 사함과 성령의 선물을 받는 것은 성경 전체를 관통하는 아버지의 마음이다. 예수님은 십자가에서 죽으시고 부활하사 마귀를 멸하시고 마귀의 일을 멸하셨다 (히 2:14; 요일 3:8). 성령께서는 하나님의 자녀들에게 날마다 영적 말씀을 먹고 성화되어 가게 하신다. 성화는 그리스도인이 경험할 수 있는 멋진 일로 예수님의 성품으로 살아가는 것이다.

사도신경에는 하나님의 크신 사랑의 마음과 율법과 복음으로 완성하시는 주권적 역사하심이 선명하게 드러나 있다.

성령님께서 감동 주시고 믿음 주시면 그대로 믿어지고 깊은 은혜를 체험하고 경험하게 되므로 오늘도 그 은혜와 영광을 찬양하게 된다.

여호와께서 구원과 심판을 언약하셨다.

그리스도를 여자의 후손 (창 3:15)으로 오게 하신 것은 율법 아래 나게 하신 것이다. 이것은 율법에서 복음으로, 그리스도 안으로 인도하여 구원을 주심이다.

갈 4:4-7 때가 차매 하나님이 그 아들을 보내사 여자에게서 나게 하시고 율법 아래에 나게 하신 것은 율법 아래에 있는 자들을 속량하시고 우리로 아들의 명분을 얻게 하려 하심이라 너희가 아들이므로 하나님이 그 아들의 영을 우리 마음 가운데 보내사 아빠 아버지라 부르게 하셨느니라 그러므로 네가 이 후로는 종이 아니요 아들이니 아들이면 하나님으로 말미암아 유업

을 받을 자니라

말씀이 육신으로 오신 (요 1:14) 예수님은 성령으로 처녀 마리아에게 잉태되어 탄생하셨고, 예언을 십자가에서 다 이루셨다 (요 19:30). 영이신 하나님이 성령으로 잉태되어 말씀이 육신으로 오신 것이 경건의 비밀이다 (딤전 3:15-16).

우리를 율법의 저주에서 속량하시려고 십자가에서 못 박혀 죽으사 보혈을 흘리셨다. 머리에 가시관을 쓰시고 옆구리는 창에 찔려 물과 피를 흘리신 것은 온 인류를 위한 언약의 피를 쏟으신 것이다.

> 갈 3:13 그리스도께서 우리를 위하여 저주를 받은 바 되사 율법의 저주에서 우리를 속량하셨으니 기록된바 나무에 달린 자마다 저주 아래에 있는 자라 하였음이라

> 갈 3:14 이는 그리스도 예수 안에서 아브라함의 복이 이방인에게 미치게 하고 또 우리로 하여금 믿음으로 말미암아 성령의 약속을 받게 하려 함이니라

사도신경은 영원한 생명이신 예수 그리스도를 믿어야 한다는 것과 그 믿음의 대상이 누구인지 분명하게 알게 한다.

성도들이 무엇을 믿어야 하는지에 대해 성경을 아무리 읽어도 일반 성도들은 그 내용의 전체를 요약하여 바르게 알기가 어렵다. 무엇을 믿느냐 하는 질문에 사도신경은 간단명료하고 정확

하게 집약하여 답을 준다. 성경 말씀을 근거로 한 올바른 믿음의 고백이며 나의 믿음이 삶의 실재가 되도록 안내한다.

그러나 조금 더 깊이 짚어 봐야 할 곳도 있다. 삼위일체 하나님은 아버지, 아들 (예수 그리스도) 그리고 성령님으로 존재하신다 (마 28:19; 요 1:1-2, 5:18, 20:28; 요일 5:7; 요이 1:9).

창 3:15 내가 너로 여자와 원수가 되게 하고 네 후손도 여자의
후손과 원수가 되게 하리니 여자의 후손은 네 머리를 상하게
할 것이요 너는 그의 발꿈치를 상하게 할 것이니라 하시고

예수님은 예언대로 여자의 후손으로 오셔서 예언을 성취하셨다. 이후 십자가의 죽음과 부활과 승천 후 오순절 역사와 이 모든 일들이 삼위일체 하나님께서 주권적으로 일하심을 보여주는 것이 성경 66권의 요약이다.

* **하나님의 뜻과 계획의 4가지 비밀**
① 마귀를 멸하고, 마귀의 일들을 멸함이다 (창 22:14-17; 히 2:14; 요일 3:8; 계 20:3, 10).
② 우리 믿는 자들의 구원의 확정이다 (엡 1:3-14; 골 1:14; 히 2:15; 요일 1:7).
③ 하나님의 나라가 완성될 것의 확정이다 (요 3:5; 고전 3:16; 계 21:1-4).
④ 믿는 자들은 예수 그리스도 안에서 이후에 영광의 보좌에 앉고 새 하늘과 새 땅에 들어간다 (마 25:31-34; 계 21:1, 27; 엡 2:6).

영원한 안식을 누릴 새 하늘과 새 땅은 예수 그리스도를 믿는 자들이 장차 가는 곳이다. 이기는 자로 하나님의 아들, 그리스도의 신부가 들어가는 곳이다 (계 21:1, 4, 7). 그리스도의 말씀을 믿지 않는 자들에게는 유황불 못의 형벌이 있다 (계 21:8).

복음적 신앙은 사도신경을 그대로 믿고 인정하는 것이며, 그 속에서 조심스럽게 짚어 볼 것은 짚어 보면서 온전하게 자신의 믿음과 신앙생활에 적용하는 것이 가장 중요하다.

구약과 신약 전체는 구속사로 예수 그리스도를 통한 영원한 생명을 우리에게 주기 위함이다. 예수 그리스도를 주시고, 천국을 주시는 것이다.

성경 전체를 요약하면, 거룩하신 삼위일체 하나님께서 함께 계획하신 대로 말씀이 육신을 입고 오신 예수님이 십자가의 죽음과 부활로 그 계획과 언약을 다 이루셨다는 것이다. 그리고 성령께서 터치하셔서 믿는 자들을 적용하사 깨닫게 하여 철저히 죄인임을 고백하며 회개하도록 인도한다.

예수님께서 십자가에서 흘리신 그 피로써 죄 사함을 주시고 우리를 의롭고 거룩하게 하신다. 보배로운 피가 있는 자를 거룩한 성령께서 인 치고 보증하신다 (고후 1:22, 5:5; 엡 1:13).

> 롬 8:30 또 미리 정하신 그들을 또한 부르시고 부르신 그들을 또한 의롭다 하시고 의롭다 하신 그들을 또한 영화롭게 하셨느니라

① 이 일들은 창세 전에 정하셨다 (엡 1:4-6; 사 43:7, 21).
그리스도와의 연합 (롬 6:7, 죄에서 벗어나 의롭다 하심을 얻음)
② 부르심의 외적 소명 (막 16:15-16)과 내적 소명 (롬 1:6-7)
③ 의롭다 하심 [피로 죄를 사함 (출 6:7; 벧전 1:9; 요일 1:7), 마음으로 믿어 의에 이름 (롬 10:9-10), 죄를 다시 기억하지 않음 (히 8:12, 10:17)]
④ 부활하심 (롬 8:11; 요 6:40, 5:29; 행 24:15; 눅 24:39), 영화롭게 하심 (빌 3:21)

* 교회의 본질은 예수님의 피에 있고 성령의 거듭남이다.
물과 성령으로 거듭나는 것이 영적 출생이다. 율법의 기능은 하나님 앞에서 내가 죄인임을 깨닫게 하는 것으로 예수님을 만나도록 안내한다. 하나님 앞에서 자신이 뼛속까지 죄인임을 깨닫고 회개하는 자에게 보혈로 죄를 사하시고 성령이 인 치고 보증하신다. 성령이 내주하시며 마음에 하나님의 뜻의 소원을 주시며 이끄신다. 결국 예수님의 성품으로 성화되는 것이다.

갈 2:20 내가 그리스도와 함께 십자가에 못 박혔나니 그런즉 이제는 내가 사는 것이 아니요 오직 내 안에 그리스도께서 사시는 것이라 이제 내가 육체 가운데 사는 것은 나를 사랑하사 나를 위하여 자기 자신을 버리신 하나님의 아들을 믿는 믿음 안에서 사는 것이라

롬 6:23 죄의 삯은 사망이요 하나님의 은사는 그리스도 예수 우리 주 안에 있는 영생이니라

* 사도신경을 읽으며 깨달은 것이 있다.

말씀에 근거하여 중요한 부분을 상고한다. '외아들'을 '독생자'로 해야 한다. 같은 내용이지만 '동정녀'를 '처녀 마리아'로, '공회'를 (새번역은 '공교회') '교회'로 이해하게 되면서 정확한 단어 안에 숨겨진 진리가 하나님 아버지의 뜻을 마음에 더 깊이 새기게 만들어 주었다.

전능하신 하나님께서는 무소부재하시다. 따라서 그분의 절대적인 주권과 그 장중에 있는 피조물인 우리는 우리의 미련함과 연약함, 유한한 지각으로 다 이해하지 못하는 부분을 반드시 인정해야 한다.

아무것도 할 수 없으나 한 걸음씩 성령님의 도우심으로 많은 성경 구절을 찾아보고 적어보면서 더욱 풍성한 영적 양식을 먹으며 은혜에 잠기게 되었다. 참으로 놀라운 은혜이다.

기쁨과 감사로 찬양하며 존귀하신 예수 그리스도의 이름을 높이기 원한다. 오직 주 예수 그리스도 한 분이 전부 되어 살아가면서 만족과 자족을 느끼는 행복자임을 선포한다.

사도신경 1.
전능하사 천지를 만드신 하나님 아버지를 내가 믿사오며

* 창조주 하나님

창 1:1 태초에 하나님이 천지를 창조하시니라

요 1:1-3 태초에 말씀이 계시니라 이 말씀이 하나님과 함께 계셨으니 이 말씀은 곧 하나님이시니라 그가 태초에 하나님과 함께 계셨고 만물이 그로 말미암아 지은 바 되었으니 지은 것이 하나도 그가 없이는 된 것이 없느니라 (히 11:3)

골 1:16 만물이 그에게서 창조되되 하늘과 땅에서 보이는 것들과 보이지 않는 것들과 혹은 왕권들이나 주권들이나 통치자들

이나 권세들이나 만물이 다 그로 말미암고 그를 위하여 창조되었고

삼위일체 하나님께서 천지를 창조하셨다 (창 1:1; 요 1:1-2; 골 1:16). 우리가 믿는 것은 예수님이 하나님의 아들이며 그리스도이시라는 것이다. 하나님의 이름 속에 있는 창조자의 무한한 능력과 정체성을 알고 믿는 것은 중요하다.

출 3:14 하나님이 모세에게…또 이르시되 너는 이스라엘 자손에게 이같이 이르기를 스스로 있는 자가 나를 너희에게 보내셨다 하라

이스라엘 사람들에게 계시된 하나님의 이름은 '여호와'이다 (출 6:2-3). 구약에 언급된 이름은 '엘로힘', '여호와' (야훼)이다. 여호와께서는 구원과 심판을 언약하셨다.

여호와의 또 다른 이름은 야훼이다. 야훼라는 이름으로 복음의 핵심을 처음부터 공개하셨다. 그 이름 속에 율법과 복음의 실체를 드러내신 바 구원과 심판을 보여주고 있다. '여호와' (예호바)는 '요드' (손), '헤이' (보라), '바브' (못), '헤이' (보라)라는 4개의 히브리어 철자로 이루어진 단어로, 그 뜻을 합쳐보면 '손을 보라, 못을 보라'이다. 거룩하신 하나님께서 말씀이 육신을 입고 오사 (요 1:14) 십자가에서 못 박혀 죽으시고 피 흘려 죄를 사해 주실 것을 처음부터 계획하시고 선포하신다.

출 3:15 하나님이 또 모세에게 이르시되 너는 이스라엘 자손에게 이같이 이르기를 너희 조상의 하나님 여호와 곧 아브라함의 하나님, 이삭의 하나님, 야곱의 하나님께서 나를 너희에게 보내셨다 하라 이는 나의 영원한 이름이요 대대로 기억할 나의 칭호니라

* 구약의 여호와가 신약에서는 예수 그리스도이시다.

내가 예수님이 하나님의 아들 그리스도이심을 믿는 것이 가장 중요하다.

요 20:31 오직 이것을 기록함은 너희로 예수께서 하나님의 아들 그리스도이심을 믿게 하려 함이요 또 너희로 믿고 그 이름을 힘입어 생명을 얻게 하려 함이니라 (마 16:16)

요 8:58 예수께서 이르시되 진실로 진실로 너희에게 이르노니 아브라함이 나기 전부터 내가 있느니라 하시니

유대인들이 십자가에 못 박힌 예수를 메시아로 인정하지 못하는 것도 하나님의 주권, 시간표 안에 있다 (롬 9~11장). 유대인들이 예수님을 하나님의 아들이며 그리스도로 믿지 못하는 것은 이방인의 구원을 위한 하나님의 계획, 시간표 안에 들어있다.

롬 11:25 형제들아 너희가 스스로 지혜 있다 하면서 이 신비를

너희가 모르기를 내가 원하지 아니하노니 이 신비는 이방인의 충만한 수가 들어오기까지 이스라엘의 더러는 우둔하게 된 것이라

사 44:6 이스라엘의 왕인 **여호와**, 이스라엘의 구원자인 만군의 **여호와**가 이같이 말하노라 나는 처음이요 나는 마지막이라 나 외에 다른 신이 없느니라

계 1:8 주 하나님이 이르시되 나는 알파와 오메가라 이제도 있고 전에도 있었고 장차 올 자요 전능한 자라 하시더라 (참조. 계 22:13)

1) 전능하사 천지를 만드신 하나님 아버지

천지를 창조하신 **하나님**은 전지하신 **하나님**, 전능하신 **하나님**, 무소부재하신 **하나님**이시다.

전능하사 천지를 창조하신 **하나님** 아버지, **예수 그리스도**를 나의 구주로 믿고 영접하도록 **성령님**이 전적으로 역사하신다. 이것은 이 땅에서 최고의 복으로, 영원한 부활 생명을 얻는 것은 놀라운 신비이며 기적이며 은혜이다.

이 땅에 태어나 창조주 **하나님**을 섬기는 것은 은혜 위의 은혜이다. **예수 그리스도**가 나의 구주이심을 믿는 자들은 만세 전에 택함을 받은 자들이다 (엡 1:4-6; 창 12:1-3; 요 15:16).

시 119:89 여호와여 주의 말씀은 영원히 하늘에 굳게 섰사오며

시 12:6-7 여호와의 말씀은 순결함이여 흙 도가니에 일곱 번 단련한 은 같도다 여호와여 그들을 지키사 이 세대로부터 영원까지 보존하시리이다

마 24:35 천지는 없어질지언정 내 말은 없어지지 아니하리라

하나님은 전능하신 하나님이시다 (창 18:14, 49:24; 룻 1:20; 욥 42:2; 시 91:1, 132:2; 사 13:6, 49:26, 60:16; 습 3:17; 눅 18:27; 계 21:22).

창 18:14 여호와께 능하지 못한 일이 있겠느냐

또한 천지를 창조하신 하나님이시다 (창 1:1, 2:3; 출 31:17; 시 51:10; 사 45:7, 18; 행 4:24; 엡 3:9; 골 1:16; 계 10:6).

창 1:1 태초에 하나님이 천지를 창조하시니라

그 하나님은 하늘에 계신 아버지이시다 (하늘에 - 헤븐, 3층천, 신 10:14; 느 9:6; 시 148:4-6; 마 6:6-13; 엡 4:10; 히 1:3, 4:14).

마 6:9 …하늘에 계신 우리 아버지여 이름이 거룩히 여김을 받으시오며

느 9:6 오직 주는 여호와시라 하늘과 하늘들의 하늘과 일월 성신과 땅과 땅 위의 만물과 바다와 그 가운데 모든 것을 지으

시고 다 보존하시오니 모든 천군이 주께 경배하나이다

* 하나님의 존재적, 사역적, 성품적 특성을 묵상하라.

① 존재적으로
- 삼위일체 하나님 - 창 1:26-27, 3:22, 11:7; 신 4:35; 사 6:8; 마 28:19; 고후 13:13
- 지존하시는 하나님 - 출 3:14; 사 59:16; 롬 11:36; 고전 8:6
- 영원하신 하나님 - 창 21:33; 신 33:27; 시 90:2, 93:2; 롬 6:23, 16:26; 계 15:7
- 불변하시는 하나님 - 민 23:19; 신 7:9; 히 11장, 13:8

② 사역적으로
- 창조자이신 하나님 - 창 1:1; 신 30:15, 19; 시 103:19; 요 1:1-3; 골 1:16
- 전능하신 하나님 - 창 3:15, 18:14; 욥 37:23; 잠 21:1; 마 1:21; 요 19:30; 행 2:1-4; 엡 1:11
- 무소부재하신 하나님 - 시 139:1-6; 렘 23:24; 마 28:20
- 전지하신 하나님 - 시 139:1-4; 잠 15:3; 계 3:1

③ 성품적으로
- 사랑의 하나님 - 사 53:5-6; 마 5:45; 요 3:16; 엡 2:4-5; 요일 4:8
- 자비하신 하나님 - 눅 1:50, 6:36; 약 5:11; 벧전 2:10
- 은혜로우신 하나님 - (일반은총) 마 5:45; 롬 11:36, (특별은총) 롬 5:15
- 공의의 하나님 - 시 89:14; 요 5:29; 고후 11:14-15

2) 내가 믿사오며 (내가 믿는 것이 가장 중요하다)

많은 기독교인들이 무엇을 믿느냐고 물으면 "교회를 믿어요", "예수를 믿어요", "하나님을 믿어요", "나는 신앙생활을 해요"라고 답한다. 믿음의 대상을 확실히 모르기에 각자 자기 의견과 여러 가지 대답으로 표현하는 것이다.

우리가 믿는 것은 예수님은 하나님의 아들이시요 그리스도이시라는 사실이다.

그것이 66권의 성경을 쓰신 목적이다.

> 요 20:31 오직 이것을 기록함은 너희로 예수께서 하나님의 아들 그리스도이심을 믿게 하려 함이요 또 너희로 믿고 그 이름을 힘입어 생명을 얻게 하려 함이니라

* **예수 그리스도의 말씀을 믿는 것이다.** (예수님은 인성을 대표하며 그리스도는 신성을 대표한다)

> 롬 10:17 그러므로 믿음은 들음에서 나며 들음은 그리스도의 말씀으로 말미암았느니라

> 마 16:16 시몬 베드로가 대답하여 이르되 주는 그리스도시요 살아 계신 하나님의 아들이시니이다 (신성과 인성)

성령의 도우심으로 이 믿음의 고백을 하는 자에게 천국 열쇠

를 주신다 (마 16:16-19). 음부의 권세가 이기지 못하고 교회가 세워지는 것은 예수님을 그리스도로 믿는 것이다. 영원한 생명을 말씀으로 마음에 부은 바 강력한 은혜인 것이다.

마태복음 16장 13-19절에 나오는 '천국 열쇠'에서 '천국'은 교회와 같은 뜻으로 사용되었다. 성령 받으면 우리는 성령이 거하시는 성전으로 심령 천국이 된다 (요 3:5; 고전 3:16). 심령 천국이 된 자는 이후에 약속에 의해 영원한 안식을 누리게 된다. 그러므로 묶고 푸는 권세가 사도뿐 아니라 교회에도 주어졌다 (마 18:17-18; 막 8:27-30).

그리스도의 말씀을 믿는 것이므로 마지막 때에도 말씀으로 심판을 하신다 (요 12:48-50).

* 성경은 율법과 복음으로 완성하는 하나님의 구속사이다.

창세기 1장에서는 빛과 어둠으로 생명을 담는 그릇과 사망을 담는 그릇을 볼 수 있다. 이 말씀에 이스라엘의 7대 절기가 숨겨져 있다.

성령으로 죄인 됨을 회개하여 십자가의 보혈로 죄 사함을 받고 성령 받는 것은 전적으로 하나님의 은혜의 선물이며, 만세 전에 택함받은 하나님의 아들이며 그리스도의 신부가 되는 것이다.

죄를 깨닫고 회개하는 것은 성령님의 역사하심으로 가능하다.

롬 3:20 그러므로 율법의 행위로 그의 앞에 의롭다 하심을 얻을 육체가 없나니 율법으로는 죄를 깨달음이니라

롬 11:32 하나님이 모든 사람을 순종하지 아니하는 가운데 가두어 두심은 모든 사람에게 긍휼을 베풀려 하심이로다

갈 3:22 그러나 성경이 모든 것을 죄 아래에 가두었으니 이는 **예수 그리스도**를 믿음으로 말미암는 약속을 믿는 자들에게 주려 함이라

롬 3:23 모든 사람이 죄를 범하였으매 **하나님**의 영광에 이르지 못하더니

행 2:38 베드로가 이르되 너희가 회개하여 각각 **예수 그리스도**의 이름으로 세례를 받고 죄 사함을 받으라 그리하면 **성령**의 선물을 받으리니 (참조. 롬 3:24-25)

요 10:28 내가 그들에게 영생을 주노니 영원히 멸망하지 아니할 것이요 또 그들을 내 손에서 빼앗을 자가 없느니라

요 5:24 내가 진실로 진실로 너희에게 이르노니 내 말을 듣고 또 나 보내신 이를 믿는 자는 영생을 얻었고 심판에 이르지 아니하나니 사망에서 생명으로 옮겼느니라

벧전 1:4 썩지 않고 더럽지 않고 쇠하지 아니하는 유업을 잇게 하시나니 곧 너희를 위하여 하늘에 간직하신 것이라

* 바울 사도는 복음의 산 증인이다.

고전 15:10 그러나 내가 나 된 것은 하나님의 은혜로 된 것이니 내게 주신 그의 은혜가 헛되지 아니하여 내가 모든 사도보다 더 많이 수고하였으나 내가 한 것이 아니요 오직 나와 함께하신 하나님의 은혜로라

* 이방인을 위해 내가 택한 그릇이다 (행 9:10-18).
바울은 모든 것이 하나님의 은혜임을 고백했다 (행 9장).

행 9:31 그리하여 온 유대와 갈릴리와 사마리아 교회가 평안하여 든든히 서 가고 주를 경외함과 성령의 위로로 진행하여 수가 더 많아지니라

* 주님이 다시 오실 때 살아 있는 성도들은 휴거 시 변형될 것이다.

고전 15:52-54 나팔 소리가 나매 죽은 자들이 썩지 아니할 것으로 다시 살아나고 우리도 변화되리라 이 썩을 것이 반드시 썩지 아니할 것을 입겠고 이 죽을 것이 죽지 아니함을 입으리로다 이 썩을 것이 썩지 아니함을 입고 이 죽을 것이 죽지 아니함을 입을 때에는 사망을 삼키고 이기리라고 기록된 말씀이 이루어지리라

살전 4:16 주께서 호령과 천사장의 소리와 하나님의 나팔 소리

로 친히 하늘로부터 강림하시리니 그리스도 안에서 죽은 자들이 먼저 일어나고

빌 3:21 그는 만물을 자기에게 복종하게 하실 수 있는 자의 역사로 우리의 낮은 몸을 자기 영광의 몸의 형체와 같이 변하게 하시리라 (참조. 롬 8:23)

죄인 중의 괴수인 바울을 긍휼로 영생 얻는 자의 본이 되게 하셨다 (딤전 1:15-16).

예수 그리스도를 믿는 것은 자신, 자아가 죽는 것이다.

갈 2:20 내가 그리스도와 함께 십자가에 못 박혔나니 그런즉 이제는 내가 사는 것이 아니요 오직 내 안에 그리스도께서 사시는 것이라 이제 내가 육체 가운데 사는 것은 나를 사랑하사 나를 위하여 자기 자신을 버리신 하나님의 아들을 믿는 믿음 안에서 사는 것이라

내가 죽어야 내 안에서 성령으로 말미암아 예수 그리스도가 전부가 되어 함께한다. 자아가 죽고 예수 그리스도의 영원한 생명, 부활하신 그리스도로 은혜를 받은 바울은 다른 사도보다 복음을 위해 더 많이 수고할 수 있었고, 마침내 순교자의 삶을 살며 순교의 열매를 맺었다. 성령께서 복음의 증인으로 사용된 바울은 날마다 나는 "죽노라"고 고백하는 것을 믿음의 우리는 깊이 새겨야 한다.

사도신경 2.
그 외아들 우리 주 예수 그리스도를 믿사오니

요 20:31 오직 이것을 기록함은 너희로 예수께서 하나님의 아들 그리스도이심을 믿게 하려 함이요 또 너희로 믿고 그 이름을 힘입어 생명을 얻게 하려 함이니라

성경에서 가장 중요한 핵심 주제는, 예수님은 하나님의 아들이시며 그리스도이심을 믿고 영원한 생명을 얻는 것이다.

여기에서 '외아들'로 기록한 것은 문제가 있다. '독생자'로 해야 성경에 기록된 하나님의 말씀에 근거하여 더욱 확실하다.

요 3:16 하나님이 세상을 이처럼 사랑하사 독생자를 주셨으니 이는 그를 믿는 자마다 멸망하지 않고 영생을 얻게 하려 하심이라

"독생자를 주셨으니"에서 독생자는 유일한 생명, 하나밖에 없는 생명이다. 유일한 영원한 생명, 하나밖에 없는 인성으로 오신 **예수님**은 **하나님**의 아들이시다 (인성과 신성, 죄는 없으신 분이시다).

* '외아들'을 '독생자'로 고쳐야 한다는 것은 성경에 기록된 하나님의 말씀에 근거를 둔 합당한 주장이다.

요 1:14 말씀이 육신이 되어 우리 가운데 거하시매 우리가 그의 영광을 보니 아버지의 독생자의 영광이요 은혜와 진리가 충만하더라

이 말씀은 창세기 3장 15절의 예언의 성취이다.

요 1:18 본래 **하나님**을 본 사람이 없으되 아버지 품 속에 있는 독생하신 **하나님**이 나타내셨느니라

예수님은 유일한 생명, 독생자로서 **하나님**의 아들로 오셔서 십자가에서 죽고 부활하셨다. 우리에게 영원한 생명을 주신 분은 **예수 그리스도** 한 분이시다.

1) '예수' 이름의 뜻

'**예수**'는 **하나님**이 계시한 이름이다. 이중에는 정체성이 있다. **하나님**의 이름, **예수 그리스도**를 아는 것이 복이며 영생이다 (요 17:3).

마 1:21 아들을 낳으리니 이름을 예수라 하라 이는 그가 자기 백성을 그들의 죄에서 구원할 자이심이라 하니라 (행 2:21; 롬 10:13)

'예수'는 히브리어로 '여호수아'이다 (수 1:1; 슥 3:1-9). '여호수아'라는 이름은 '여호와 구원자'로 여호와의 구원을 뜻한다 (민 13:16). 구약의 여호와는 바로 신약에서 예수님이시다.

* 예수의 이름

① 인류의 구세주로서의 이름 (마 1:21; 참조. 출 6:5-7, 17:9)
② 천하에 주어진 유일한 구원의 이름 (행 4:12)
③ 사람으로 오신 인성을 입은 이름으로 십자가에서 고난을 당하신 이름 (사 53:5-6; 마 27:27-50)

2) '그리스도'의 명칭은 메시아이며 기름부음을 받은 자라는 의미이다

요일 5:1 예수께서 그리스도이심을 믿는 자마다 하나님께로부터 난 자니 또한 낳으신 이를 사랑하는 자마다 그에게서 난 자를 사랑하느니라 (요 4:25-26)

'그리스도'의 명칭은 그의 신성을 나타내는 데 매우 중요하다. '그리스도'는 히브리어로 '메시아'이다. '그리스도'는 구원자로서 '기름 부음 받은 자'라는 예수님의 직위적 명칭이다. 구약에서 기름 부어 세우는 자는 선지자, 제사장, 왕뿐이었다. 이것은 신약의 3중 직위로 오신 그리스도를 예표한다. 그리스도는

선지자 (신 18:15-22; 왕상 19:6; 마 21:10-11, 21-22장; 행 3:22-23, 7:37; 히 5:5-6, 6:20, 9:11),

대제사장 (레 4:3; 출 29:1-9; 히 4:14-15),

왕 (삼상 9:15-16, 10:1, 24:6-7; 삼하 19:10; 마 2:2, 21:5, 27:11; 눅 1:31-33; 요 1:41; 롬 9:5)으로 오셨다.

마 16:16 시몬 베드로가 대답하여 이르되 주는 그리스도시요 살아 계신 하나님의 아들이시니이다

여기서 하나님의 아들이란 참 하나님이요, 참 사람이요, 죄가 없으신 분이라는 의미이다. **그리스도는 기름 부은 자로 구원자이다.**

① 참 선지자로 아버지에서 들은 것만 말씀하심 (요 5:19, 6:38, 7:16, 8:42)

② 대제사장으로 한 번의 영원한 제사를 드리심 (마 26:28; 히 6:20, 7:24, 27-28, 9:12, 10:12)

③ 왕 중의 왕이요 만주의 주가 되심 (단 8:25; 계 17:14, 19:16)

마지막 날에 심판주로 재림하시고 공의로써 심판하신다 (고전 15:51-52; 살전 4:16-17; 계 3:10, 20:13-15).

주 예수 그리스도는 완전한 칭호로서 성경에 기록되어 있다.

엡 1:3 찬송하리로다 하나님 곧 우리 주 예수 그리스도의 아버

지께서 그리스도 안에서 하늘에 속한 모든 신령한 복을 우리에게 주시되

* 삼위 하나님을 나타내는 말씀을 성경 곳곳에서 볼 수 있다.

마 28:19 그러므로 너희는 가서 모든 민족을 제자로 삼아 아버지와 아들과 성령의 이름으로 세례를 베풀고

고후 13:13 주 예수 그리스도의 은혜와 하나님의 사랑과 성령의 교통하심이 너희 무리와 함께 있을지어다

요일 5:6-8 이는 물과 피로 임하신 이시니 곧 예수 그리스도시라 물로만 아니요 물과 피로 임하셨고 증언하는 이는 성령이시니 성령은 진리니라 증언하는 이가 셋이니 성령과 물과 피라 또한 이 셋은 합하여 하나이니라

지금은 재림의 산고들이 나타나는 혼돈된 시대이다.

마 24:4-5 예수께서 대답하여 이르시되 너희가 사람의 미혹을 받지 않도록 주의하라 많은 사람이 내 이름으로 와서 이르되 나는 그리스도라 하여 많은 사람을 미혹하리라

현재 종교의 영에 빠져서 자유주의와 다원주의가 전 세계에 퍼지고 있는 현상을 본다. 그리스도는 기름을 부은 자이며 구원

자이다. 그런데 스스로 그리스도라 하며 모든 종교에 구원이 있다고 미혹하는 영들을 분별하라.

3) 신약에 나타난 '예수'의 이름

66권 성경 전체가 예수 그리스도에 관한 것이다.
신약성경에는 예수님의 여러 가지 명칭이 나타난다.

> 마 1:21 아들을 낳으리니 이름을 예수라 하라 이는 그가 자기 백성을 그들의 죄에서 구원할 자이심이라 하니라

임마누엘 (마 1:23),
세상 죄를 지고 가는 하나님의 어린 양 (요 1:29),
하늘에서 내려온 자 곧 인자 (요 3:13),
하나님의 아들 (마 3:17, 26:63),
구원자·기름 부음을 받은 자, 곧 그리스도 혹은 메시아 (요 1:41, 4:25),
독생자 (요 1:14, 18),
나사렛 사람 (마 2:23; 요 1:45),
심판자 (요 5:27),
통치자 (마 28:18), 성전 (요 2:21),
성부 및 성령과 동등한 분 (요 5:18),
창조자 (요 1:3; 골 1:16; 히 1:2),
만유의 주·만주의 주·만왕의 왕 (딤전 6:15; 계 19:16),
참 포도나무요 그 아버지는 농부 (요 15:1),

우리의 친구 (요 15:15),

선한 목자 (요 10:11), 말씀 (요 1:1, 14),

참 빛 (요 1:9),

부활과 생명 (요 11:25),

알파와 오메가 (계 1:8, 22:13),

어린 양 (계 5:13),

길이요 진리요 생명 (요 14:6) 등이 있다.

* 복음의 정의 (하나님의 아들 / 신성과 인성 / 롬 1:1-7)

롬 1:2-4 이 복음은 **하나님**이 선지자들을 통하여 그의 아들에 관하여 성경에 미리 약속하신 것이라 그의 아들에 관하여 말하면 육신으로는 다윗의 혈통에서 나셨고 성결의 영으로는 죽은 자들 가운데서 부활하사 능력으로 **하나님**의 아들로 선포되셨으니 곧 우리 **주 예수 그리스도**시니라

하나님의 복음은 완전하다.

롬 16:25-27 나의 복음과 **예수 그리스도**를 전파함은 영세 전부터 감추어졌다가 이제는 나타내신 바 되었으며 영원하신 **하나님**의 명을 따라 선지자들의 글로 말미암아 모든 민족이 믿어 순종하게 하시려고 알게 하신바 그 신비의 계시를 따라 된 것이니 이 복음으로 너희를 능히 견고하게 하실 지혜로우신 **하나님**께 **예수 그리스도**로 말미암아 영광이 세세무궁하도록 있을지어다 아멘

창세 전에 감추인 하나님의 나라의 비밀을 비유로 드러내셨다.

마 13:34-35 예수께서 이 모든 것을 무리에게 비유로 말씀하시고 비유가 아니면 아무것도 말씀하지 아니하셨으니 이는 선지자를 통하여 말씀하신바 내가 입을 열어 비유로 말하고 창세부터 감추인 것들을 드러내리라 함을 이루려 하심이라

막 4:11-12 이르시되 하나님 나라의 비밀을 너희에게는 주었으나 외인에게는 모든 것을 비유로 하나니 이는 그들로 보기는 보아도 알지 못하며 듣기는 들어도 깨닫지 못하게 하여 돌이켜 죄 사함을 얻지 못하게 하려 함이라 하시고

* 만세 전부터 감춰진 하나님의 신비 2가지가 있다.

교회의 기능으로 진리는 하나님의 경륜의 실재요 내용이다. 결국 하나님의 집이요, 기둥이요, 터요, 경건의 비밀이다 (딤전 3:15-16). 영이신 하나님이 육신을 입고 오신 것 (요 1:14)이 경건의 비밀이며, 십자가에 죽고, 부활하시고 승천하사 성령을 보내주시어 적용하시므로 죄인임을 깨닫게 하시고 회개하며 죄 사함 받은 성령이 내주하시는 심령 성전이다. 교회를 세우시고 그리스도의 신부를 세우시는 것이 신비이다 (갈 2:20; 골 1:27).

① 하나님의 비밀인 그리스도 (골 1:26-27, 2:2)
② 그리스도의 비밀인 교회 (엡 1:22-23, 3:4-6, 5:32)

사도신경 3.
이는 성령으로 잉태하사 동정녀 마리아에게 나시고

그리스도께서 여자의 후손으로 오신 것은 예언의 성취이다 (창 3:15).

갈 4:4-7 때가 차매 하나님이 그 아들을 보내사 여자에게서 나게 하시고 율법 아래에 나게 하신 것은 율법 아래에 있는 자들을 속량하시고 우리로 아들의 명분을 얻게 하려 하심이라 너희가 아들이므로 하나님이 그 아들의 영을 우리 마음 가운데 보내사 아빠 아버지라 부르게 하셨느니라 그러므로 네가 이 후로는 종이 아니요 아들이니 아들이면 하나님으로 말미암아 유업을 받을 자니라 율법 아래에서 오신 것은 율법 아래 있는 죄와 사망에 매인 자들을 속량하기 위해서이다. 보이지 않는 영이신 하나님은 매를 맞을 수도 없고, 수모와 핍박과 침 뱉음을 당할 수 없다. 채찍에 맞을 수도 없다. 십자가에 못 박혀 죽을 수도 없다. 그러므로 말씀이 육신으로 오신 것이다.

하나님께서 아브라함을 부르시고 다윗을 통해 오실 것이라는 영원한 약속을 하셨다.

> 마 1:16 야곱은 마리아의 남편 요셉을 낳았으니 마리아에게서 그리스도라 칭하는 예수가 나시니라

예수님은 언약을 성취하기 위해 말씀이신 하나님으로서 성령으로 잉태되어 처녀 마리아의 몸을 빌려 이 땅에 성육신하셨다.

> 요 1:14 말씀이 육신이 되어 우리 가운데 거하시매 우리가 그의 영광을 보니 아버지의 독생자의 영광이요 은혜와 진리가 충만하더라

> 요 1:18 본래 하나님을 본 사람이 없으되 아버지 품 속에 있는 독생하신 하나님이 나타내셨느니라

우리의 죄를 위한 대속물이 되시기 위해, 예언과 그 성취를 위해 율법 아래에서 죄의 모양으로 오셨다. 성령으로 잉태되어 이 땅에 예수님이 사람으로 오신 것이 경건의 비밀이다 (딤전 3:15-16).

1) 성령으로 잉태하사

성령으로 잉태된 것은 경건의 비밀이며 예언의 성취이다 (딤전 3:15-16).

> 마 1:20 …그에게 잉태된 자는 성령으로 된 것이라

> 사 7:14 그러므로 주께서 친히 징조를 너희에게 주실 것이라 보라 처녀가 잉태하여 아들을 낳을 것이요 그의 이름을 임마누엘이라 하리라

> 마 1:21 아들을 낳으리니 이름을 예수라 하라 이는 그가 자기 백성을 그들의 죄에서 구원할 자이심이라 하니라

천사가 마리아에게 예수의 나심을 예고했다 (눅 1:26-38).

> 눅 1:30 천사가 이르되 마리아여 무서워하지 말라 네가 하나님께 은혜를 입었느니라

처녀 마리아에게 성령으로 잉태되심을 말씀한다.

> 마 1:23 보라 처녀가 잉태하여 아들을 낳을 것이요 그의 이름은 임마누엘이라 하리라 하셨으니 이를 번역한즉 하나님이 우리와 함께 계시다 함이라

눅 1:34-35 마리아가 천사에게 말하되 나는 남자를 알지 못하니 어찌 이 일이 있으리이까 천사가 대답하여 이르되 성령이 네게 임하시고 지극히 높으신 이의 능력이 너를 덮으시리니 이러므로 나실 바 거룩한 이는 하나님의 아들이라 일컬어지리라 (참조. 사 7:14)

* **처녀 마리아의 이름으로 온 인류의 정체성이 죄인임을 드러낸다.**

'마리아' (미르얌)라는 이름은 '거역하다, 배역하다, 반역하다, 순종하지 않는다'라는 뜻이다. 처녀 마리아는 율법주의자들에게 죽임을 당하시는 예수 그리스도를 예표한다.

모든 인류는 선악과를 먹은 후 하나님을 대적하는 죄와 사망의 길을 가는 존재, 완고하여 반역의 길, 사망의 길을 가는 존재가 되었다.

만세 전 하나님의 계획이 구체적으로 드러났다. 선악과 (창 3:6)와 원시복음 (창 3:15)으로 표현되어 있으며 하나님은 아주 특별한 하나님의 비밀을 진행하신다.

온 인류의 모습 곧 정체가 처녀 마리아의 이름의 뜻 안에 숨겨져 있는 것을 아는 것이 복음의 핵심이다.

롬 11:32 하나님이 모든 사람을 순종하지 아니하는 가운데 가두어 두심은 모든 사람에게 긍휼을 베풀려 하심이로다

우리는 죄악, 완고와 반역, 불순종에서 회개하여 예수 그리스

도를 영접해야 한다. 성령으로 자신이 죄인인 줄 알고 회개할 때 보배로운 피로써 죄 사함 받고 성령의 보증으로 부활의 영으로 하나님의 자녀가 된다 (행 2:38; 엡 1:13).

처녀 마리아는 하나님의 선택을 받아 예수님이 오시는 길의 통로로 사용되었다. 선택된 자들의 불순종을 해결할 수 있는 길이었기 때문이다.

완고하고 거역한 반역자라는 죄인인 나에게 성령님의 인도로 날 때부터 죄인임을 토설하게 하심에 감사하고 또 감사할 뿐이다. 나는 보배로운 피로써 죄 사함을 경험했으며, 여전히 죄 가운데 살고 있지만 이런 나에게 의를 입혀 주셔서 의롭고 거룩한 하나님의 자녀 되게 하심은 놀라운 은혜 위의 은혜이다.

구원받은 모든 사람도 거역한 자, 반역자로서 처녀 마리아와 같은 죄인임을 표출하여 보여주고 있다.

오직 성령만이 예수 그리스도를 영접하고 믿도록 하시는 능력이다. 성령을 구하는 믿음의 사람이 진정한 영적 사람, 지혜로운 사람이다.

> 눅 11:13 너희가 악할지라도 좋은 것을 자식에게 줄 줄 알거든 하물며 너희 하늘 아버지께서 구하는 자에게 성령을 주시지 않겠느냐 하시니라 (마 7:7-11)

*** 진리의 말씀으로 분별하는 것이 필요한 때이다.**

모든 이단 종교의 기원은 니므롯이다. 니므롯이 죽자 아내 세미라미스는 그의 아들 담무스를 모자신으로 섬기기 시작했다. 천주교도 성모 마리아상을 세워 놓고 마리아와 예수, 모자상으로 섬긴다. 전 세계에 다녀보면 마리아를 황후로 만들어 놓은 것을 볼 수 있다. 마리아를 죄가 없는 자로 둔갑시켰다. 그가 승천했다고 하는 성경 말씀의 거짓된 해석과 왜곡에서 눈을 뜨라.

  태양신 숭배와 진화론으로 거짓 복음이 온 세상을 뒤덮고 있다.

사도신경 4.
본디오 빌라도에게 고난을 받으사

예수님은 빌라도에게 심문을 받으셨다 (마 27:11-26; 막 15:1-15; 눅 23:1-7).

눅 23:11 헤롯이 그 군인들과 함께 **예수**를 업신여기며 희롱하고 빛난 옷을 입혀 빌라도에게 도로 보내니 헤롯과 빌라도가 전에는 원수였으나 당일에 서로 친구가 되니라

예수님은 참 **하나님**이시며 참 사람이셨다. 그럼에도 희롱을 당하셨다.

눅 23:24 이에 빌라도가 그들이 구하는 대로 하기를 언도하고

(참조. 눅 23:13-25; 막 27:11-26, 15:1-15; 요 19:1-16)

"본디오 빌라도에게 고난을 받으사"라고 고백하지만 주님은 내 죄로 고난을 당하신 것이다. 빌라도가 재판을 언도하지만, 온 인류의 죄, 내 죄 때문에 십자가의 고난을 받으신 것이다.

예수님을 십자가에 넘겨서 못 박게 하신 것은 하나님의 특별한 사랑의 계획을 성취하신 것이다. 마귀는 예수를 없애고자 한 대제사장, 율법사, 바리새인들, 선민인 유대인들을 이용하여 강도인 바라바를 놓아주고 (요 18:39-40) 예수를 십자가에 죽이라고 선동하며 빌라도를 통하여 그 목적을 달성했다.

그러나 십자가에 죽고 부활하심으로 마귀를 멸하는 심판이 있음을 우리는 알고 있다 (히 2:14; 요일 3:8).

그 시대의 정권과 종교가 하나가 되어 마귀의 앞잡이가 되어버린 빌라도를 통하여 예수님은 죄가 없음을 만천하에 세 번이나 드러내셨다.

① 눅 23:4 "빌라도가 대제사장들과 무리에게 이르되 내가 보니 이 사람에게 죄가 없도다 하니."

② 눅 23:14 "…너희가 고발하는 일에 대하여 이 사람에게서 죄를 찾지 못하였고."

③ 눅 23:22 "…나는 그에게서 죽일 죄를 찾지 못하였나니 때려서 놓으리라 하니."

눅 23:22-25 빌라도가 세 번째 말하되 이 사람이 무슨 악한 일을 하였느냐 나는 그에게서 죽일 죄를 찾지 못하였나니 때려서 놓으리라 하니 그들이 큰 소리로 재촉하여 십자가에 못 박기를 구하니 그들의 소리가 이긴지라 이에 빌라도가 그들이 구하는 대로 하기를 언도하고 그들이 요구하는 자 곧 민란과 살인으로 말미암아 옥에 갇힌 자를 놓아주고 예수는 넘겨주어 그들의 뜻대로 하게 하니라

* 구약의 흠 없는 제물은 예수님의 죄 없음을 보여준다.

레 1:3 그 예물이 소의 번제이면 흠 없는 수컷으로 회막 문에서 여호와 앞에 기쁘게 받으시도록 드릴지니라

레 1:10 만일 그 예물이 가축 떼의 양이나 염소의 번제이면 흠 없는 수컷으로 드릴지니

요한복음 18장 12-14절을 보면, 사람들이 예수님을 안나스에게로 끌고 감으로 예수님은 하나님의 어린 양 (요 1:29)으로서 유월절에 죽임을 당하셨다. 유월절 어린 양이 죽임을 당하기 전에 시험을 받은 것처럼 (출 12:3-6), 예수님은 유대인 대제사장과 로마의 총독으로 대표되는 온 인류에게 시험을 받으시고 흠이 없음이 입증되셨다.

* 빌라도의 재판은 사실 불법 재판이었다.

요 19:1-3 이에 빌라도가 예수를 데려다가 채찍질하더라 군인들이 가시나무로 관을 엮어 그의 머리에 씌우고 자색 옷을 입히고 앞에 가서 이르되 유대인의 왕이여 평안할지어다 하며 손으로 때리더라

형이 확정되기 전 채찍질한 것은 엄연한 불법이다. 그리고 조롱하고 수치를 주었다. 조롱하기 위해 왕이 입는 자색 옷을 입히고 모욕하기 위해 뺨을 쳤으나, 그 모든 것도 예수님은 왕이시며 왕 중의 왕이심을 의미한다. 예수님이 쓰신 가시 면류관은 저주의 상징이다 (창 3:17-18). 예수님은 십자가에서 우리를 위하여 저주를 받으셨다 (갈 3:13). 면류관, 자색 옷은 둘 다 왕권을 상징한다.

예수님은 우리를 위하여 율법의 저주를 받은 자로 나무 십자가에 달리셨지만 메시아이시다. 즉 하나님의 기름 부음 받은 분이요, 왕 중의 왕이신 것을 만천하에 드러내셨다 (갈 3:13).

요 18:2 그곳은 가끔 예수께서 제자들과 모이시는 곳이므로 예수를 파는 유다도 그곳을 알더라

사탄은 거짓된 가룟 유다 제자를 이용하여 예수님을 죽음에 넘겼으나 예수님은 이것을 영광 받을 수 있는 기회로 만드셨다 (요 13:31-32). 즉 죽음과 부활이 많은 영혼을 살리는 기회가 된 것으로, 이는 하나님이 만세 전에 세우신 구원 계획의 비밀이다. 거짓의 아비인 마귀의 포로로서 사망 가운데 있는 온 인류가 종교적, 정치적, 문화적 상황을 힙입어 함께 예수님을 십자가에

내주었다 (요 19:12-16).

요 19:12 이러하므로 빌라도가 **예수**를 놓으려고 힘썼으나 유대인들이 소리 질러 이르되 이 사람을 놓으면 가이사의 충신이 아니니이다 무릇 자기를 왕이라 하는 자는 가이사를 반역하는 것이니이다

요 19:16 이에 **예수**를 십자가에 못 박도록 그들에게 넘겨주니라

사도신경 5.
십자가에 못 박혀 죽으시고

하나님께서는 그 정하신 뜻인 예언과 성취를 율법과 복음으로 완성하신다 (마 5:17 율법 완성, 롬 10:4 율법의 마침).

행 2:23-24 그가 하나님께서 정하신 뜻과 미리 아신 대로 내준 바 되었거늘 너희가 법 없는 자들의 손을 빌려 못 박아 죽였으나 하나님께서 그를 사망의 고통에서 풀어 살리셨으니 이는 그가 사망에 매여 있을 수 없었음이라

* **예수님의 피는 언약의 피이다** (마 26:27-29).

마 26:28 이것은 죄 사함을 얻게 하려고 많은 사람을 위하여

흘리는바 나의 피 곧 언약의 피니라 (레 17:11)

* **"언약의 피니라"**
그리스도의 십자가 구속사역 이후 유대인이나, 이방인이나 누구든지 예수 그리스도를 믿는 자는 그의 피 공로로 말미암아 죄 사함 받고 하나님께 대한 언약의 백성, 자녀가 된다 (롬 4:20-25).

예수님의 피는 우리의 죄 사함을 위하여 하나님의 의에 따라 요구된 것이다.

히 9:22 율법을 따라 거의 모든 물건이 피로써 정결하게 되나니 피 흘림이 없은즉 사함이 없느니라

요 18:32 이는 예수께서 자기가 어떠한 죽음으로 죽을 것을 가리켜 하신 말씀을 응하게 하려 함이러라

예수님은 하나님의 아들이시다. 그러나 하나님의 아들이라는 이유로 심판에 넘겨졌고 십자가에 못 박혀 죽으셨다.

히 7:28 율법은 약점을 가진 사람들을 제사장으로 세웠거니와 율법 후에 하신 맹세의 말씀은 영원히 온전하게 되신 아들을 세우셨느니라 (히 7:1-3, 9:13-14, 9:15)

* 성경은 예수님께서 들리실 것이라고 예언하였다.

> 요 3:14 모세가 광야에서 뱀을 든 것같이 인자도 들려야 하리니 (참조. 요 8:28, 12:32)

하나님의 주권과 예정으로 예수님께서는 십자가에 못 박혀 죽임을 당하셨다.

> 행 2:23 그가 하나님께서 정하신 뜻과 미리 아신 대로 내준 바 되었거늘 너희가 법 없는 자들의 손을 빌려 못 박아 죽였으나

> 요 18:11 … 아버지께서 주신 잔을 내가 마시지 아니하겠느냐 하시니라

예수님은 온 인류에게 죽임을 당하셨다 (요 19:19-22).

> 요 19:19-20 빌라도가 패를 써서 십자가 위에 붙이니 나사렛 예수 유대인의 왕이라 기록되었더라 예수께서 못 박히신 곳이 성에서 가까운 고로 많은 유대인이 이 패를 읽는데 히브리와 로마와 헬라 말로 기록되었더라

하나님의 주권에 따라 히브리 종교와 로마 정치와 헬라 문화로 대표된 인류에게 죽임을 당하셨다. 예수님의 패는 히브리어와 헬라어와 라틴어로 적혀 있었다.

히브리어는 종교를 대표하며, 라틴어는 로마 정치를 대표하며, 헬라어는 헬라 문화를 대표한다. 온 세상을 대표하는 이들 세 가지가 더해진 것은 하나님의 어린 양이신 예수님께서 온 인류를 위해 죽임을 당하셨음을 의미한다.

유대인의 대제사장이 빌라도에게 그가 쓴 것을 바꾸도록 요구하자 빌라도는 "내가 쓸 것을 썼다"라고 대답했다. 빌라도가 그렇게 쓴 것은 그에게서 난 것이 아니었다. 이것은 하나님의 주권적인 장중에 있었기에 바꿀 수 없다는 것을 보여준다. 빌라도에 의해 쓰인 십자가의 패는 예수님께서 유대인의 왕이며, 또한 만왕의 왕이신 것을 선포하는 것이다.

> 요 19:30 예수께서 신 포도주를 받으신 후에 이르시되 다 이루었다 하시고 머리를 숙이니 영혼이 떠나가시니라
>
> 요 19:34 그중 한 군인이 창으로 옆구리를 찌르니 곧 피와 물이 나오더라

피는 우리의 죄를 사하고 정결하게 하는 것이다. 또 물은 영이신 말씀으로 우리의 영원한 생명의 양식을 의미한다.

십자가에 못 박히실 때에도 예수님은 여전히 일하고 계셨다. 십자가에 못 박히심과 부활로 만유를 포함한 온 인류에 부활의 영원한 생명을 부어주셨다.

> 요 19:36 이 일이 일어난 것은 그 뼈가 하나도 꺾이지 아니하리

라 한 성경을 응하게 하려 함이라 (요 19:33; 시 34:20; 출 12:46; 민 9:12)

"그 뼈가 하나도 꺾이지 아니하리라"라는 말씀은 그 무엇도 꺾을 수 없는 하나님의 주권을 말한다. 하나님의 주권으로 마귀를 멸하고 우리를 구원하시는 구속사가 이루어진다. 예언의 성취이다.

> 마 20:28 인자가 온 것은 섬김을 받으려 함이 아니라 도리어 섬기려 하고 자기 목숨을 많은 사람의 대속물로 주려 함이니라

* 인류의 죄의 값은 사망이다 (롬 6:23).

따라서 예수의 피로 원죄와 자범죄를 씻어야 한다 (마 15:18-20). 피가 있는 자에게 성령이 임하는 것이다.

* 온 인류의 죄의 모습이다.

> 마 15:18-19 입에서 나오는 것들은 마음에서 나오나니 이것이야말로 사람을 더럽게 하느니라 마음에서 나오는 것은 악한 생각과 살인과 간음과 음란과 도둑질과 거짓 증언과 비방이니 (막 7:20-23; 롬 1, 2, 3장)

> 렘 17:9-10 만물보다 거짓되고 심히 부패한 것은 마음이라 누가 능히 이를 알리요마는 나 여호와는 심장을 살피며 폐부를 시험하고 각각 그의 행위와 그의 행실대로 보응하나니 (렘 2:13)

엡 1:7 우리는 그리스도 안에서 그의 은혜의 풍성함을 따라 그의 피로 말미암아 속량 곧 죄 사함을 받았느니라 (엡 1:4-14)

요일 1:7 그가 빛 가운데 계신 것같이 우리도 빛 가운데 행하면 우리가 서로 사귐이 있고 그 아들 예수의 피가 우리를 모든 죄에서 깨끗하게 하실 것이요

* 거룩을 유지, 보전하는 것은 피와, 말씀과 기도이다.

딤전 4:5 하나님의 말씀과 기도로 거룩하여짐이라

예수님의 탄생과 죽음은 창세기 3장 15절, 이사야 53장 4-6절 (참조. 롬 5:9-11, 12, 17-21)의 예언의 성취이다.

롬 4:25 예수는 우리가 범죄 한 것 때문에 내줌이 되고 또한 우리를 의롭다 하시기 위하여 살아나셨느니라

레위기 1장 13-17절은 번제를 드리는 규칙을 말씀한다. 흠이 없는 소, 양, 염소의 예물을 가져온 자는 먼저 번제물 머리에 안수하여 자기 죄를 짐승에게 전가한다. 이처럼 나의 죄를 십자가의 피를 통하여 예수님께 전가하고 우리는 삼위 하나님의 의를 입었다 (롬 3:24-26).

갈 3:13 그리스도께서 우리를 위하여 저주를 받은 바 되사 율

법의 저주에서 우리를 속량하셨으니 기록된바 나무에 달린 자마다 저주 아래에 있는 자라 하였음이라

히 2:9 … 죽음의 고난 받으심으로 말미암아 영광과 존귀로 관을 쓰신 **예수**를 보니 이를 행하심은 **하나님**의 은혜로 말미암아 모든 사람을 위하여 죽음을 맛보려 하심이라

창 3:15 내가 너로 여자와 원수가 되게 하고 네 후손도 여자의 후손과 원수가 되게 하리니 여자의 후손은 네 머리를 상하게 할 것이요 너는 그의 발꿈치를 상하게 할 것이니라 하시고

신 21:22-23 사람이 만일 죽을 죄를 범하므로 네가 그를 죽여 나무 위에 달거든 그 시체를 나무 위에 밤새도록 두지 말고 그 날에 장사하여 네 **하나님 여호와**께서 네게 기업으로 주시는 땅을 더럽히지 말라 나무에 달린 자는 **하나님**께 저주를 받았음이니라 (갈 3:13-14)

다윗의 시도 예언과 성취를 보게 한다. 시편 22편 전체가 **예수님**의 수난을 예언한 메시아 예언서이다. 대적자들의 핍박으로 인해 고초를 당한 다윗이 **하나님**께 부르짖은 이 말씀은 메시아가 자기 백성을 위하여 당하실 수난을 예언한 것이다.

시 22:1 내 **하나님**이여 내 **하나님**이여 어찌 나를 버리셨나이까 어찌 나를 멀리 하여 돕지 아니하시오며 내 신음 소리를 듣지 아

니하시나이까

1000년 후 그대로 재현되는 예언의 성취하심이다.

마 27:46 제구시쯤에 예수께서 크게 소리 질러 이르시되 엘리 엘리 라마 사박다니 하시니 이는 곧 나의 하나님, 나의 하나님, 어찌하여 나를 버리셨나이까 하는 뜻이라 (갈 3:13; 벧전 2:24)

육시 (정오 낮 12시) 경, 예수님이 십자가에 못 박히신 후 온 땅에 어둠이 임하기 시작한 시간이다.
구시 (오후 3시경), 예수님이 운명하신 시간이다.

막 15:33-34 제육시가 되매 온 땅에 어둠이 임하여 제구시까지 계속하더니 제구시에 예수께서 크게 소리 지르시되 엘리 엘리 라마 사박다니 하시니 이를 번역하면 나의 하나님, 나의 하나님 어찌하여 나를 버리셨나이까 하는 뜻이라 (마 27:45-61; 눅 23:44-56; 요 19:28-30)

마 27:50-51 예수께서 다시 크게 소리 지르시고 영혼이 떠나시니라 이에 성소 휘장이 위로부터 아래까지 찢어져 둘이 되고 땅이 진동하며 바위가 터지고

히 10:19-20 그러므로 형제들아 우리가 예수의 피를 힘입어 성소에 들어갈 담력을 얻었나니 그 길은 우리를 위하여 휘장 가운

데로 열어 놓으신 새로운 살 길이요 휘장은 곧 그의 육체니라

롬 5:8 우리가 아직 죄인 되었을 때에 그리스도께서 우리를 위하여 죽으심으로 하나님께서 우리에 대한 자기의 사랑을 확증하셨느니라

롬 6:23 죄의 삯은 사망이요 하나님의 은사는 그리스도 예수 우리 주 안에 있는 영생이니라

고전 1:18 십자가의 도가 멸망하는 자들에게는 미련한 것이요 구원을 받는 우리에게는 하나님의 능력이라

롬 8:1-2 그러므로 이제 그리스도 예수 안에 있는 자에게는 결코 정죄함이 없나니 이는 그리스도 예수 안에 있는 생명의 성령의 법이 죄와 사망의 법에서 너를 해방하였음이라

* 가룟 유다에 관한 예언도 다윗을 통해 말씀하셨다.

시 41:9 내가 신뢰하여 내 떡을 나눠 먹던 나의 가까운 친구도 나를 대적하여 그의 발꿈치를 들었나이다

시 55:13 그는 곧 너로다 나의 동료, 나의 친구요 나의 가까운 친우로다

사도신경 6.
장사한 지 사흘 만에 죽은 자 가운데서 다시 살아나시며

마 12:40 요나가 밤낮 사흘 동안 큰 물고기 뱃속에 있었던 것 같이 인자도 밤낮 사흘 동안 땅 속에 있으리라

고전 15:4 장사 지낸 바 되셨다가 성경대로 사흘 만에 다시 살아나사

* 영원한 생명이신 예수 그리스도

행 2:32-33 이 예수를 하나님이 살리신지라 우리가 다 이 일에 증인이로다 하나님이 오른손으로 예수를 높이시매 그가 약속하신 성령을 아버지께 받아서 너희가 보고 듣는 이것을 부어주

셨느니라

예수 그리스도의 부활로써 마귀의 불법을 처리하는 과정이 있다. 모두 3단계인데 1단계는 땅으로 쫓김 (계 12:7-9), 2단계는 무저갱에 갇힘 (계 20:3), 3단계는 유황불 못에 던져짐 (계 20:10)이다.

히 2:14-15 자녀들은 혈과 육에 속하였으매 그도 또한 같은 모양으로 혈과 육을 함께 지니심은 죽음을 통하여 죽음의 세력을 잡은 자 곧 마귀를 멸하시며 또 죽기를 무서워하므로 한평생 매여 종노릇하는 모든 자들을 놓아주려 하심이니

요일 3:8 죄를 짓는 자는 마귀에게 속하나니 마귀는 처음부터 범죄 함이라 하나님의 아들이 나타나신 것은 마귀의 일을 멸하려 하심이라

* 예수님은 부활로 사탄의 머리를 깨뜨리셨다 (창 3:15).

눅 10:19 내가 너희에게 뱀과 전갈을 밟으며 원수의 모든 능력을 제어할 권능을 주었으니 너희를 해칠 자가 결코 없으리라

예수님께서 십자가에서 죽고 다시 살아난 것이 나의 믿음으로 믿어지는가? 예배 때마다 입으로 사도신경을 외우는 것만으로는 올바른 믿음이 될 수 없다. 예수 그리스도의 부활의 생명을 소유하는 것이 하나님께서 주시는 복음의 핵심이며 영생이다.

나는 어린 시절부터 교회에 출석하였으나, 교회에 열심히 다닌 사춘기 때는 부활의 확신이 없었다. 말씀을 듣고 **성령** 받기 전에는 부활이 믿어지지 않았고 가슴 깊이 의심의 덩어리가 있었다. 그런데 **성령님**께서 나로 하여금 죄인임을 통절하게 회개하게 하심으로 **그리스도**의 **피**로 죄 사함을 받았고, 거듭남을 체험하고 나서 그때부터 **예수님**의 부활이 믿어지고 믿어진바 **예수** 부활이 나의 부활이 되었다.

> **롬 8:16** **성령**이 친히 우리의 영과 더불어 우리가 **하나님**의 자녀인 것을 증언하시나니

> **롬 8:11** **예수**를 죽은 자 가운데서 살리신 이의 영이 너희 안에 거하시면 **그리스도 예수**를 죽은 자 가운데서 살리신 이가 너희 안에 거하시는 그의 영으로 말미암아 너희 죽을 몸도 살리시리라

> **요 11:25-26** **예수**께서 이르시되 나는 부활이요 생명이니 나를 믿는 자는 죽어도 살겠고 무릇 살아서 나를 믿는 자는 영원히 죽지 아니하리니 이것을 네가 믿느냐

1) 부활의 첫 열매가 되신 주님 (고전 15:23)

① 예수 그리스도

고전 15:20 그러나 이제 **그리스도**께서 죽은 자 가운데서 다시

살아나사 잠자는 자들의 첫 열매가 되셨도다

② **그리스도** 안에서 죽은 자
살전 4:16 **주**께서 호령과 천사장의 소리와 **하나님**의 나팔 소리로 친히 하늘로부터 강림하시리니 **그리스도** 안에서 죽은 자들이 먼저 일어나고

③ **그리스도**에게 붙어 있어 살아남은 자, 첫째 부활에 참여한 자
살전 4:17 그 후에 우리 살아남은 자들도 그들과 함께 구름 속으로 끌어 올려 공중에서 **주**를 영접하게 하시리니 그리하여 우리가 항상 **주**와 함께 있으리라

계 20:4-5 또 내가 보좌들을 보니 거기에 앉은 자들이 있어 심판하는 권세를 받았더라 또 내가 보니 예수를 증언함과 하나님의 말씀 때문에 목 베임을 당한 자들의 영혼들과 또 짐승과 그의 우상에게 경배하지 아니하고 그들의 이마와 손에 그의 표를 받지 아니한 자들이 살아서 그리스도와 더불어 천 년 동안 왕 노릇 하니 (그 나머지 죽은 자들은 그 천 년이 차기까지 살지 못하더라) 이는 첫째 부활이라

예수님은 부활의 첫 열매가 되셨고 (레 23:10-11), 말씀대로 살아나셨다 (마 28:6). **하나님**의 영원한 생명이 **그리스도**의 부활이며 (고전 15:12-20), **예수님**이 죽으심으로 우리를 의롭게 하셨다 (롬 3:24, 4:25).

주님의 부활은 생명을 주심 (요 12:24)과 거듭남이다 (요 3:5). 거듭남의 씻음과 성령의 새롭게 함이다 (딛 3:5). 또한 변화 (롬 12:2; 고후 3:18)와 그리스도의 형상을 닮음이다 (롬 8:29). 주님으로 말미암아 부활에 참여할 우리는 그리스도의 신부인 교회요 (요 3:29) 새 사람이다 (엡 2:14, 4:24; 골 3:10-11). 훗날 그리스도와 함께 왕 노릇 한다 (계 20:4-6). 성령의 인 침과 보증 받음이 복음의 초점이다 (고전 15:45; 고후 1:22, 3:17, 5:5; 갈 3:13-14).

콜링, 회개 (피) 의롭게, 거룩하게, 거듭남, 성화, 영화

롬 8:30 또 미리 정하신 그들을 또한 부르시고 부르신 그들을 또한 의롭다 하시고 의롭다 하신 그들을 또한 영화롭게 하셨느니라

* 부활로 주어지는 것

① 부활의 믿음 (롬 8:11)
② 영원한 생명, 영생 (요 3:16, 17:3)
③ 하나님의 자녀가 되게 하심 (롬 8:16)
④ 천국의 상속권 (마 25:34)
⑤ 하나님의 기쁘신 뜻에 소원을 두고 행하도록 하심 (빌 2:13)
⑥ 그리스도의 장성한 분량까지 자라며 성화되게 하심 (엡 4:13)
⑦ 천년왕국에서 왕 노릇 (계 20:4-6)
⑧ 보좌에 앉게 하신다 (엡 2:6)
⑨ 새 하늘 새 땅에 들어간다 (계 21, 22장)

롬 8:1-2 그러므로 이제 그리스도 예수 안에 있는 자에게는 결

사도신경

코 정죄함이 없나니 이는 **그리스도 예수** 안에 있는 생명의 **성령**의 법이 죄와 사망의 법에서 너를 해방하였음이라

롬 6:8 만일 우리가 **그리스도**와 함께 죽었으면 또한 그와 함께 살 줄을 믿노니

* 예수님도 직접 자신의 부활을 말씀하셨다.
성경에는 인자가 많은 고난을 받고 다시 살아나심을 말하는 곳이 많다.

막 8:31 인자가 많은 고난을 받고 장로들과 대제사장들과 서기관들에게 버린 바 되어 죽임을 당하고 사흘 만에 살아나야 할 것을 비로소 그들에게 가르치시되

막 9:31 이는 제자들을 가르치시며 또 인자가 사람들의 손에 넘겨져 죽임을 당하고 죽은 지 삼 일 만에 살아나리라는 것을 말씀하셨기 때문이더라

막 10:34 그들은 능욕하며 침 뱉으며 채찍질하고 죽일 것이나 그는 삼 일 만에 살아나리라 하시니라

* 때로는 천사를 통해 부활을 말씀하셨다.

마 28:5-6 천사가 여자들에게 말하여 이르되 너희는 무서워하

지 말라 십자가에 못 박히신 예수를 너희가 찾는 줄을 내가 아노라 그가 여기 계시지 않고 그가 말씀하시던 대로 살아나셨느니라 와서 그가 누우셨던 곳을 보라

* 부활하신 예수님은 마리아에게 자신을 보여주셨다.

마 28:9 예수께서 그들을 만나 이르시되 평안하냐 하시거늘 여자들이 나아가 그 발을 붙잡고 경배하니

* 열한 제자에게도 나타나셨다.

마 28:16-17 열한 제자가 갈릴리에 가서 예수께서 지시하신 산에 이르러 예수를 뵈옵고 경배하나 아직도 의심하는 사람들이 있더라

* 또 500여 형제에게 부활하신 예수님 자신을 보이셨다.

고전 15:4-8 장사 지낸 바 되셨다가 성경대로 사흘 만에 다시 살아나사 게바에게 보이시고 후에 열두 제자에게와 그 후에 오백여 형제에게 일시에 보이셨나니 그중에 지금까지 대다수는 살아 있고 어떤 사람은 잠들었으며 그 후에 야고보에게 보이셨으며 그 후에 모든 사도에게와 맨 나중에 만삭되지 못하여 난 자 같은 내게도 보이셨느니라

예수님은 십자가에 못 박혀 피 흘려 죽으시고 3일 만에 부활하사 사탄의 머리를 깨뜨리셨다. 그 후 승천하시고 우리의 구원을 위해 약속하신 성령을 보내주셨다 (행 2:1-3). 우리는 그 예수님이 하나님의 아들이시며 그리스도이심을 믿는다.

> 행 1:4-5 사도와 함께 모이사 그들에게 분부하여 이르시되 예루살렘을 떠나지 말고 내게서 들은 바 아버지께서 약속하신 것을 기다리라 요한은 물로 세례를 베풀었으나 너희는 몇 날이 못 되어 성령으로 세례를 받으리라 하셨느니라

예수님의 부활을 신약성경이 증거하고, 사도들의 증언도 있다. 그로부터 2,000년 이상 지난 교회도 부활을 증거하고 있다. 주일 예배는 예수님이 부활하신 날에 모여서 드리는 예배이다. 오순절의 강력한 역사로 교회가 세워졌고 지금도 계속되고 있다. 지금도 성령 받은 자는 심령 성전인 교회로서 보배로운 피 값으로 주님이 세우시고 성령이 감독하신다.

> 행 20:28 여러분은 자기를 위하여 또는 온 양 떼를 위하여 삼가라 성령이 그들 가운데 여러분을 감독자로 삼고 하나님이 자기 피로 사신 교회를 보살피게 하셨느니라

> 요 3:5 예수께서 대답하시되 진실로 진실로 네게 이르노니 사람이 물과 성령으로 나지 아니하면 하나님의 나라에 들어갈 수 없느니라

롬 8:16-17 성령이 친히 우리의 영과 더불어 우리가 하나님의 자녀인 것을 증언하시나니 자녀이면 또한 상속자 곧 하나님의 상속자요 그리스도와 함께한 상속자니 우리가 그와 함께 영광을 받기 위하여 고난도 함께 받아야 할 것이니라

벧전 1:9 믿음의 결국 곧 영혼의 구원을 받음이라

롬 8:23 그뿐 아니라 또한 우리 곧 성령의 처음 익은 열매를 받은 우리까지도 속으로 탄식하여 양자 될 것 곧 우리 몸의 속량을 기다리느니라

빌 3:21 그는 만물을 자기에게 복종하게 하실 수 있는 자의 역사로 우리의 낮은 몸을 자기 영광의 몸의 형체와 같이 변하게 하시리라

고전 15:51-52 보라 내가 너희에게 비밀을 말하노니 우리가 다 잠 잘 것이 아니요 마지막 나팔에 순식간에 홀연히 다 변화되리니 나팔 소리가 나매 죽은 자들이 썩지 아니할 것으로 다시 살아나고 우리도 변화되리라 (고전 15:53-54)

① 부활이 없으면 우리의 믿음이 헛것이다 (고전 15:13-19).
② 부활이란 우리의 썩을 몸이 썩지 아니함을 입는 것이다
  (고전 15:51-54).
③ 생명의 부활과 심판의 부활이 있다 (요 5:29; 행 24:15; 고후 5:10).

④ 각 차례대로 부활한다 (고전 15:23; 살전 4:13-17).

* **따라서 우리는 성경을 통으로 보아야 하며, 하나님의 관점의 시각이 필요하다.**

사도신경을 통으로 보면서 빠진 한 부분을 베드로를 통해 드러낸다. 영어 성경인 킹제임스 성경에는 있는데 한글 성경에는 빠져 있는 대목이다.

"십자가에 못 박혀 죽으시고 장사한 지 사흘 만에 죽은 자 가운데서 (영으로 가서 옥에 있는 영들에게 선포하시고) 다시 살아나시며 하늘에 오르사 전능하신 하나님 우편에 앉아 계시다가."

벧전 3:19 그가 또한 영으로 가서 옥에 있는 영들에게 선포하시니라

엡 4:8-10 그러므로 이르기를 그가 위로 올라가실 때에 사로잡혔던 자들을 사로잡으시고 사람들에게 선물을 주셨다 하였도다 올라가셨다 하였은즉 땅 아래 낮은 곳으로 내리셨던 것이 아니면 무엇이냐 내리셨던 그가 곧 모든 하늘 위에 오르신 자니 이는 만물을 충만하게 하려 하심이라

예수님께서 십자가에서 죽으시고 무덤에 계실 때 영으로 가서 영들에게 선포하심을 베드로를 통해서 드러내셨다. 율법 이전 사람들은 옥에 있기 때문에 예수님께서 무덤에 계실 때 (무교절 때) 영으로 찾

아가서 예수 그리스도께서 십자가에서 피 흘려 죽으심으로 어린 양이 되셨음을 선포하셨다. 말씀을 근거로 확실한 차이를 확인하자.

천주교는 연옥에 가도 구원의 기회를 주신다고 믿는다. 천주교 교인들은 땅에서 자손들이나 형제들이 죽은 사람을 위해 선행을 하든지 헌금을 하면 연옥에서 구원받는다고 하면서 성경을 한참 왜곡하고 있다. 이것은 역사에도 기록된 일로, 천주교가 구원의 표를 판 것은 모든 사람들이 알고 있을 것이다.

그러나 하나님께서는 우리에게 확실하고도 정확하게 말씀하셨다. 우리는 이 땅에서 호흡하는 동안에만 예수 그리스도를 구주로 믿을 수 있고 구원받을 수 있는 기회가 있다. 예수님의 보배로운 피로 죄 사함 받고 물과 성령으로 거듭난 자, 영생 상속권자가 되는 것이다.

육신의 장막이 무너지는 죽음의 관문을 통해 가는 곳은 오직 생명 (낙원)과 사망 (음부), 두 길뿐이다. 그러므로 우리는 첫째 부활에 참여하거나 들림 받아야 한다 (살전 4:16-18). 그렇지 않으면 가장 처절한 지옥으로 가는 길뿐이다.

율법 이전 사람들은 옥에 있음을 보여주셨다 (벧전 3:19).
율법 시대에 믿은 사람들이 있는 곳은 아브라함 품이다. 불신자는 음부이다 (눅 16:19-26).
복음 시대, 교회 시대의 믿는 자가 가는 곳은 낙원이다. 불신자는 음부이다.

눅 23:43 예수께서 이르시되 내가 진실로 네게 이르노니 오늘 네가 나와 함께 낙원에 있으리라 하시니라

예수님이 **하나님**의 아들이시며 **그리스도**이심을 믿지 않는 자 곧 불신자는 음부에 있다가 심판의 부활로 지옥 영원한 유황불 못에 떨어진다. 반면 **예수님**이 **하나님**의 아들이시며 **그리스도**이심을 믿는 자들은 낙원에 있다가 부활의 몸을 입고 첫째 부활에 참여하는 자들은 천 년 동안 왕 노릇 한다 (계 20:4-6). 이후에는 백 보좌 심판도 있다 (계 20:11-12). 약속의 새 하늘과 새 땅에서 영원한 안식을 누리게 된다 (계 21:4, 21-22장).

사도신경 7.
하늘에 오르사 전능하신 하나님 우편에 앉아 계시다가

* 처소를 예비하러 가노니

요 14:1-3 너희는 마음에 근심하지 말라 하나님을 믿으니 또 나를 믿으라 내 아버지 집에 거할 곳이 많도다 그렇지 않으면 너희에게 일렀으리라 내가 너희를 위하여 거처를 예비하러 가노니 가서 너희를 위하여 거처를 예비하면 내가 다시 와서 너희를 내게로 영접하여 나 있는 곳에 너희도 있게 하리라

하나님이 지으시고 경영하시고 지으실 터가 있는 성 (히 11:10) 곧 새예루살렘 (계 21:1-7)이 예비되면 다시 오셔서 우리를 그곳으로 영접하여 하나님과 영원히 함께 살게 해주신다는 것이다.

1) 하늘에 오르사

행 1:9-11 이 말씀을 마치시고 그들이 보는데 올려져 가시니 구름이 그를 가리어 보이지 않게 하더라 올라가실 때에 제자들이 자세히 하늘을 쳐다보고 있는데 흰 옷 입은 두 사람이 그들 곁에 서서 이르되 갈릴리 사람들아 어찌하여 서서 하늘을 쳐다보느냐 너희 가운데서 하늘로 올려지신 이 예수는 하늘로 가심을 본 그대로 오시리라 하였느니라

2) 하나님 우편에 앉아 계시다가

막 16:19 주 예수께서 말씀을 마치신 후에 하늘로 올려지사 하나님 우편에 앉으시니라

히 10:12 오직 그리스도는 죄를 위하여 한 영원한 제사를 드리시고 하나님 우편에 앉으사

히 1:3 이는 하나님의 영광의 광채시요 그 본체의 형상이시라 그의 능력의 말씀으로 만물을 붙드시며 죄를 정결하게 하는 일을 하시고 높은 곳에 계신 지극히 크신 이의 우편에 앉으셨느니라

엡 1:20 그의 능력이 그리스도 안에서 역사하사 죽은 자들 가운데서 다시 살리시고 하늘에서 자기의 오른편에 앉히사 (엡 2:6)

3) 지금도 성령께서 간구하시며

성령이 하나님의 뜻대로 성도를 위해 간구하신다.

> 롬 8:26-27 이와 같이 성령도 우리의 연약함을 도우시나니 우리는 마땅히 기도할 바를 알지 못하나 오직 성령이 말할 수 없는 탄식으로 우리를 위하여 친히 간구하시느니라 마음을 살피시는 이가 성령의 생각을 아시나니 이는 성령이 하나님의 뜻대로 성도를 위하여 간구하심이니라

4) 보좌에 앉으신 그리스도 예수께서 우리를 위해서 간구하신다

> 롬 8:34 누가 정죄하리요 죽으실 뿐 아니라 다시 살아나신 이는 그리스도 예수시니 그는 하나님 우편에 계신 자요 우리를 위하여 간구하시는 자시니라

* 승천하사 성령을 보내심 (요 16:7-13 죄, 의, 심판에 대하여)

> 행 2:1-4 오순절 날이 이미 이르매 그들이 다 같이 한 곳에 모였더니 홀연히 하늘로부터 급하고 강한 바람 같은 소리가 있어 그들이 앉은 온 집에 가득하며 마치 불의 혀처럼 갈라지는 것들이 그들에게 보여 각 사람 위에 하나씩 임하여 있더니 그들이 다 성령의 충만함을 받고 성령이 말하게 하심을 따라 다른 언어들로 말하기를 시작하니라

* 성령이 하시는 일들!

성령이 오신 것은 죄에 대하여 의에 대하여 심판에 대하여 (요 16:7-13).

> 요 16:7-13 그러나 내가 너희에게 실상을 말하노니 내가 떠나가는 것이 너희에게 유익이라 내가 떠나가지 아니하면 보혜사가 너희에게로 오시지 아니할 것이요 가면 내가 그를 너희에게로 보내리니 그가 와서 죄에 대하여, 의에 대하여, 심판에 대하여 세상을 책망하시리라 죄에 대하여라 함은 그들이 나를 믿지 아니함이요 의에 대하여라 함은 내가 아버지께로 가니 너희가 다시 나를 보지 못함이요 심판에 대하여라 함은 이 세상 임금이 심판을 받았음이라 내가 아직도 너희에게 이를 것이 많으나 지금은 너희가 감당하지 못하리라 그러나 진리의 성령이 오시면 그가 너희를 모든 진리 가운데로 인도하시리니 그가 스스로 말하지 않고 오직 들은 것을 말하며 장래 일을 너희에게 알리시리라 (요 3:5, 7:37-39, 14:26, 15:5; 고전 3:16).

성령 받으면 예수님의 죽으심과 부활의 믿음으로 복음의 증인의 삶을 살게 하신다 (행 1:8).

사도신경 8.
저리로서 산 자와 죽은 자를 심판하러 오시리라

만왕의 왕이시요 만주의 주가 되시며 심판주이다.

마 24:29-31 그날 환난 후에 즉시 해가 어두워지며 달이 빛을 내지 아니하며 별들이 하늘에서 떨어지며 하늘의 권능들이 흔들리리라 그때에 인자의 징조가 하늘에서 보이겠고 그때에 땅의 모든 족속들이 통곡하며 그들이 인자가 구름을 타고 능력과 큰 영광으로 오는 것을 보리라 그가 큰 나팔 소리와 함께 천사들을 보내리니 그들이 그의 택하신 자들을 하늘 이 끝에서 저 끝까지 사방에서 모으리라 (참조. 막 13:24-27; 눅 21:25-28)

1) 재림을 준비하라

예수 그리스도의 공중 혼인 잔치, 재림을 준비해야 한다. 천년왕국 이후에 백보좌 심판도 있음을 기억하라 (계 20:4-6, 11-15).

약 4:12 입법자와 재판관은 오직 한 분이시니 능히 구원하기도 하시며 멸하기도 하시느니라 너는 누구이기에 이웃을 판단하느냐

사 33:22 대저 여호와는 우리 재판장이시요 여호와는 우리에게 율법을 세우신 이요 여호와는 우리의 왕이시니 그가 우리를 구원하실 것임이라

예수 그리스도의 재림 방법은, 하늘로 가신 그대로 오시며 (행 1:11), 모든 사람이 볼 수 있게 오신다는 것이다.

* 예수 그리스도의 재림의 목적은 세 가지이다.
첫째는 싸우러 오신다 (계 19:11-16).

계 19:16 그 옷과 그 다리에 이름을 쓴 것이 있으니 만왕의 왕이요 만주의 주라 하였더라

둘째는 심판하러 오신다 (요 5:22, 27).
셋째는 우리를 위한 거처로 데리고 가기 위해 오신다. 아버지의 집에 거할 곳이 많다고 하셨다 (요 14:1-3).

하나님의 심판은 그 말씀대로 반드시 이루어진다.

요 12:48 나를 저버리고 내 말을 받지 아니하는 자를 심판할 이가 있으니 곧 내가 한 그 말이 마지막 날에 그를 심판하리라

반드시 첫째 부활에 참여하는 자, 또는 살아 있는 성도들은 휴거, 들림 받는 자가 되어야 한다.

살전 4:16-17 주께서 호령과 천사장의 소리와 하나님의 나팔 소리로 친히 하늘로부터 강림하시리니 그리스도 안에서 죽은 자들이 먼저 일어나고 그 후에 우리 살아남은 자들도 그들과 함께 구름 속으로 끌어올려 공중에서 주를 영접하게 하시리니 그리하여 우리가 항상 주와 함께 있으리라 (참조. 고전 15:52; 계 3:10, 12:5)

* 마지막 날에 행한 대로 갚아주신다.

요 12:48 나를 저버리고 내 말을 받지 아니하는 자를 심판할 이가 있으니 곧 내가 한 그 말이 마지막 날에 그를 심판하리라

요 5:27-29 또 인자 됨으로 말미암아 심판하는 권한을 주셨느니라 이를 놀랍게 여기지 말라 무덤 속에 있는 자가 다 그의 음성을 들을 때가 오나니 선한 일을 행한 자는 생명의 부활로, 악한 일을 행한 자는 심판의 부활로 나오리라

마 25:34 그때에 임금이 그 오른편에 있는 자들에게 이르시되 내 아버지께 복 받을 자들이여 나아와 창세로부터 너희를 위하여 예비된 나라를 상속받으라

마 25:41 또 왼편에 있는 자들에게 이르시되 저주를 받은 자들아 나를 떠나 마귀와 그 사자들을 위하여 예비된 영원한 불에 들어가라

계 19:2 그의 심판은 참되고 의로운지라 음행으로 땅을 더럽게 한 큰 음녀를 심판하사 자기 종들의 피를 그 음녀의 손에 갚으셨도다 하고

계 13:8 죽임을 당한 어린 양의 생명책에 창세 이후로 이름이 기록되지 못하고 이 땅에 사는 자들은 다 그 짐승에게 경배하리라

계 20:15 누구든지 생명책에 기록되지 못한 자는 불못에 던져지더라

요 16:9 죄에 대하여라 함은 그들이 나를 믿지 아니함이요

죄는 주 예수 그리스도를 믿지 않는 것이다. 멸망에 이르는 유일한 죄는 예수님께서 십자가에서 죽고 부활하여 다 이루신 것을 믿지 않는 불신앙이다.

계 16:15 보라 내가 도둑같이 오리니 누구든지 깨어 자기 옷을 지켜 벌거벗고 다니지 아니하며 자기의 부끄러움을 보이지 아니하는 자는 복이 있도다

* 생명의 부활 심판의 부활

요 5:29 선한 일을 행한 자는 생명의 부활로, 악한 일을 행한 자는 심판의 부활로 나오리라

갈 6:7-10 스스로 속이지 말라 하나님은 업신여김을 받지 아니하시나니 사람이 무엇으로 심든지 그대로 거두리라 자기의 육체를 위하여 심는 자는 육체로부터 썩어질 것을 거두고 성령을 위하여 심는 자는 성령으로부터 영생을 거두리라 우리가 선을 행하되 낙심하지 말지니 포기하지 아니하면 때가 이르매 거두리라 그러므로 우리는 기회 있는 대로 모든 이에게 착한 일을 하되 더욱 믿음의 가정들에게 할지니라

고후 5:8-10 우리가 담대하여 원하는 바는 차라리 몸을 떠나 주와 함께 있는 그것이라 그런즉 우리는 몸으로 있든지 떠나든지 주를 기쁘시게 하는 자가 되기를 힘쓰노라 이는 우리가 다 반드시 그리스도의 심판대 앞에 나타나게 되어 각각 선악간에 그 몸으로 행한 것을 따라 받으려 함이라

사도신경 9.
성령을 믿사오며 거룩한 공회와 성도가 서로 교통하는 것과

1) 성령을 믿사오며

거룩한 교회는 예수님의 피로만 가능하며 성령께서 감독하신다 (행 20:28).

성령께서는 예수님의 전 생애와 언약의 성취를 믿고 알게 하시므로 믿는 자에게 성령의 성전이 되게 하며 마지막 날에 다시 살리신다 (요 6:44).

> 요 14:26 보혜사 곧 아버지께서 내 이름으로 보내실 성령 그가 너희에게 모든 것을 가르치고 내가 너희에게 말한 모든 것을 생각나게 하리라 (요 16:13-14)

요 15:26 내가 아버지께로부터 너희에게 보낼 보혜사 곧 아버지께로부터 나오시는 진리의 성령이 오실 때에 그가 나를 증언하실 것이요

요일 2:27 너희는 주께 받은바 기름 부음이 너희 안에 거하나니 아무도 너희를 가르칠 필요가 없고 오직 그의 기름 부음이 모든 것을 너희에게 가르치며 또 참되고 거짓이 없으니 너희를 가르치신 그대로 주 안에 거하라

'성령의 역사' (요 16:8-15)와 '죄와 의와 심판에 대하여'란 무엇을 말하는가?

성령의 역사는 아버지의 충만을 아들을 통해 계시함으로 아들을 영화롭게 하는 것이다 (요 16:12-15). 죄는 아담을 통하여 온 인류 안으로 들어왔다 (롬 5:12). 의는 예수 그리스도를 통하여 들어왔으며 부활하신 그리스도 자신이다 (요 16:8-11; 고전 1:30).

심판은 사탄, 마귀와 관계된 것이다. 성령께서는 세상을 책망하신다. 그리고 장래 일들을 선포하신다 (요 16:13; 계 1:1, 19).

장래 일이란 다음과 같다.

① 교회의 진행 과정 (계 1-3장)
② 세상의 운명 (계 4-16장)
③ 사탄의 최후 완성인 바벨론의 심판 (큰음녀에게 내릴 심판, 계 17-18장)
④ 천년왕국 (계 20장)
⑤ 하나님의 최종 목적인 새 예루살렘 (계 21-22장)

이 모든 것들을 말씀하고 있다.

* 성령의 교통

사도행전 2장 1-4절 말씀을 보면 오순절 성령 강림, 강력한 성령 임재의 역사 이후 예루살렘에서부터 교회가 세워진다. 외형적 교회는 성령 강림 사건 후 예루살렘 교회와 가정 교회들이 시작되며 세워졌다.

열방 가운데 심령 교회를 세우시는 일은 지금도 성령의 교통 하심으로 교회가 계속되며 진행 중이다. 교회의 머리 되신 예수 그리스도 안에서 모든 믿는 자들은 그의 몸의 지체들로 성령의 통치와 다스림을 받는 심령 교회이자 그리스도의 신부들이다.

고후 1:22 그가 또한 우리에게 인 치시고 보증으로 우리 마음에 성령을 주셨느니라 (고후 5:5)

요 6:38-40 내가 하늘에서 내려온 것은 내 뜻을 행하려 함이 아니요 나를 보내신 이의 뜻을 행하려 함이니라 나를 보내신 이의 뜻은 내게 주신 자 중에 내가 하나도 잃어버리지 아니하고 마지막 날에 다시 살리는 이것이니라 내 아버지의 뜻은 아들을 보고 믿는 자마다 영생을 얻는 이것이니 마지막 날에 내가 이를 다시 살리리라 하시니라

요 6:54 내 살을 먹고 내 피를 마시는 자는 영생을 가졌고 마지막 날에 내가 그를 다시 살리리니

2) 공회 (거룩한 교회)

교회의 본질은 예수님의 보배로운 피에 있다.

'공회'는 천주교에서 주로 사용하는 듯하다. 그러나 '공회'는 좋은 표현이 아니다. 거룩한 '교회'로 믿고 고백하는 것이 옳다.

그리스도는 하나님의 비밀 (골 2:2-3)이며, 그리스도의 비밀인 교회 (엡 3:4-6)는 신비이다. 교회란 성령이 거하는 심령 성전으로 하나님의 자녀이며 그리스도의 신부이다 (창 2:21-24; 엡 5:32).

> 행 20:28 ··· 성령이 그들 가운데 여러분을 감독자로 삼고 하나님이 자기 피로 사신 교회를 보살피게 하셨느니라

> 엡 1:22-23 또 만물을 그의 발 아래에 복종하게 하시고 그를 만물 위에 교회의 머리로 삼으셨느니라 교회는 그의 몸이니 만물 안에서 만물을 충만하게 하시는 이의 충만함이니라

우리는 하나님을 대적하는 견고한 진 곧 모든 이론을 무너뜨려야 한다.

> 고후 10:4-5 우리의 싸우는 무기는 육신에 속한 것이 아니요 오직 어떤 견고한 진도 무너뜨리는 하나님의 능력이라 모든 이론을 무너뜨리며 하나님 아는 것을 대적하여 높아진 것을 다 무너뜨리고 모든 생각을 사로잡아 그리스도에게 복종하게 하니

사도신경

사도신경 10.
죄를 사하여 주시는 것과

　　　　온 인류를 위해 피 흘리신 예수님의 십자가에서 죽으심과 부활은 성경 66권의 핵심이다. 죄에서 구원해 주신 보배로운 피로 과거, 현재, 미래의 모든 죄에서 용서받았으니 감사와 찬송을 돌립니다.

* 죄를 사하여 주시는 능력은 보배로운 피로만 가능하다.

성령의 도우심으로 회개하는 자에게 예수 그리스도의 피로써 원죄와 자범죄를 씻을 수 있다. 죄를 사하는 것은 보배로운 예수님의 피로만 가능하다. 예수님의 피만이 죄를 정결하게 하고 믿는 자에게 구원을 선물로 주신다.

레 17:11 육체의 생명은 피에 있음이라 내가 이 피를 너희에게 주어 제단에 뿌려 너희의 생명을 위하여 속죄하게 하였나니 생명이 피에 있으므로 피가 죄를 속하느니라

요일 1:7 …그 아들 예수의 피가 우리를 모든 죄에서 깨끗하게 하실 것이요 (참조. 엡 1:7)

골 1:14 그 아들 안에서 우리가 속량 곧 죄 사함을 얻었도다

히 9:26 …이제 자기를 단번에 제물로 드려 죄를 없이 하시려고 세상 끝에 나타나셨느니라

히 9:22 율법을 따라 거의 모든 물건이 피로써 정결하게 되나니 피 흘림이 없은즉 사함이 없느니라

고후 5:21 하나님이 죄를 알지도 못하신 이를 우리를 대신하여 죄로 삼으신 것은 우리로 하여금 그 안에서 하나님의 의가 되게 하려 하심이라

갈 4:4-5 때가 차매 하나님이 그 아들을 보내사 여자에게서 나게 하시고 율법 아래에 나게 하신 것은 율법 아래에 있는 자들을 속량하시고 우리로 아들의 명분을 얻게 하려 하심이라

갈 1:4-5 그리스도께서 하나님 곧 우리 아버지의 뜻을 따라 이

사도신경

악한 세대에서 우리를 건지시려고 우리 죄를 대속하기 위하여 자기 몸을 주셨으니 영광이 그에게 세세토록 있을지어다 아멘

갈 3:13 그리스도께서 우리를 위하여 저주를 받은 바 되사 율법의 저주에서 우리를 속량하셨으니 기록된바 나무에 달린 자마다 저주 아래에 있는 자라 하였음이라

보혈로 말미암아 진노의 자녀가 긍휼의 자녀로 새로운 피조물이 된다.

고후 5:17 그런즉 누구든지 그리스도 안에 있으면 새로운 피조물이라 이전 것은 지나갔으니 보라 새것이 되었도다

죄인이 의인 되는 것은 하나님께서 그리스도의 피로써 의를 입혀 주시고 성령으로 영원한 생명을 주시기 때문이다. 창조주 앞에 피조물로서 날 때부터 죄인임을 성령으로 회개하는 자를 하나님께서는 과거, 현재, 미래의 모든 죄를 피로써 씻어주신다. 영, 혼, 몸의 원죄와 모든 자범죄를 씻어주는 능력은 보배로운 예수님의 피에만 있다.

죗값은 사망이며 영원한 지옥 형벌뿐이다. 내 영혼을 천국 가게 하는 방법은 예수님의 피로 받는 죄 사함과 성령으로 거듭남 밖에 없다.

롬 6:23 죄의 삯은 사망이요 하나님의 은사는 그리스도 예수

우리 주 안에 있는 영생이니라

* **불법이 죄이다.**
  요일 3:4 죄를 짓는 자마다 불법을 행하나니 죄는 불법이라

* **불의가 죄이다.**
  요일 5:17 모든 불의가 죄로되 사망에 이르지 아니하는 죄도 있도다

* **불선도 죄이다.**
  약 4:17 그러므로 사람이 선을 행할 줄 알고도 행하지 아니하면 죄니라

* **불신도 역시 하나님 앞에서는 죄가 된다.**
  롬 14:23 …믿음을 따라 하지 아니하는 것은 다 죄니라

우리는 예수님을 만나 천국의 상속권자, 유업을 얻는 자, 천국의 시민권자로 신령한 복을 받았다. 이 사실을 다시 기억하면서 확실히 각인하자. 여호와의 이름은 언약, 계약의 이름으로 구원과 심판이다. 여호와의 이름은 야훼이다. 야훼에는 '그 손을 보라, 그 못을 보라'라는 의미가 있다. 구원의 이름은 놀랍고 놀라운 하늘의 권세, 땅의 권세의 이름, 예수 그리스도이시다.

예수님께서 죄의 원류와 죄의 모습을 선포하셨다.

아담과 하와는 선악과를 먹었고 (창 3:5-6), 그 아들 가인은 살인을 저질렀다 (창 4:8).

렘 17:9-10 만물보다 거짓되고 심히 부패한 것은 마음이라 누가 능히 이를 알리요마는 나 **여호와**는 심장을 살피며 폐부를 시험하고 각각 그의 행위와 그의 행실대로 보응하나니

마 15:18-19 입에서 나오는 것들은 마음에서 나오나니 이것이야말로 사람을 더럽게 하느니라 마음에서 나오는 것은 악한 생각과 살인과 간음과 음란과 도둑질과 거짓 증언과 비방이니 (막 7:20-23)

눅 5:31-32 예수께서 대답하여 이르시되 건강한 자에게는 의사가 쓸데없고 병든 자에게라야 쓸 데 있나니 내가 의인을 부르러 온 것이 아니요 죄인을 불러 회개시키러 왔노라

* 구약은 신약의 예수 그리스도를 나타내는 모형과 그림자이다.

히 8:5 그들이 섬기는 것은 하늘에 있는 것의 모형과 그림자라 모세가 장막을 지으려 할 때에 지시하심을 얻음과 같으니 이르시되 삼가 모든 것을 산에서 네게 보이던 본을 따라 지으라 하셨느니라

히 9:12 염소와 송아지의 피로 하지 아니하고 오직 자기의 피로 영원한 속죄를 이루사 단번에 성소에 들어가셨느니라

히 9:13-15 염소와 황소의 피와 및 암송아지의 재를 부정한 자에게 뿌려 그 육체를 정결하게 하여 거룩하게 하거든 하물며 영원하신 성령으로 말미암아 흠 없는 자기를 하나님께 드린 그리스도의 피가 어찌 너희 양심을 죽은 행실에서 깨끗하게 하고 살아 계신 하나님을 섬기게 하지 못하겠느냐 이로 말미암아 그는 새 언약의 중보자시니 이는 첫 언약 때에 범한 죄에서 속량하려고 죽으사 부르심을 입은 자로 하여금 영원한 기업의 약속을 얻게 하려 하심이라

엡 1:7 우리는 그리스도 안에서 그의 은혜의 풍성함을 따라 그의 피로 말미암아 속량 곧 죄 사함을 받았느니라

요일 1:7 그가 빛 가운데 계신 것같이 우리도 빛 가운데 행하면 우리가 서로 사귐이 있고 그 아들 예수의 피가 우리를 모든 죄에서 깨끗하게 하실 것이요

딤전 4:5 하나님의 말씀과 기도로 거룩하여짐이라

거룩을 유지하고 보전하게 하는 것은 피와 말씀과 기도, 곧 회개와 감사의 기도이다.

히 10:17-18 또 그들의 죄와 그들의 불법을 내가 다시 기억하지 아니하리라 하셨으니 이것들을 사하셨은즉 다시 죄를 위하여 제사 드릴 것이 없느니라

사도신경 11.
몸이 다시 사는 것과 (부활)

창세기 1장 1절의 하나님의 설계도 구속의 역사에 감춰진 시작과 끝이 되시는 **예수 그리스도**, 초림과 재림하실 **예수 그리스도**, 마지막 날에 다시 오실 **예수 그리스도**를 맞이하는 복된 자 되라 (요 20:27).

예수님께서 부활하신 것같이 **성령** 안에 있는 자는 부활하며

눅 24:39 내 손과 발을 보고 나인 줄 알라 또 나를 만져 보라 영은 살과 뼈가 없으되 너희 보는 바와 같이 나는 있느니라

빌 3:21 그는 만물을 자기에게 복종하게 하실 수 있는 자의 역사로 우리의 낮은 몸을 자기 영광의 몸의 형체와 같이 변하게

하시리라

살전 4:16-17 주께서 호령과 천사장의 소리와 하나님의 나팔 소리로 친히 하늘로부터 강림하시리니 그리스도 안에서 죽은 자들이 먼저 일어나고 그 후에 우리 살아 남은 자들도 그들과 함께 구름 속으로 끌어 올려 공중에서 주를 영접하게 하시리니 그리하여 우리가 항상 주와 함께 있으리라

부활하여 다시 사는 것은 믿음의 사람들의 소망이며 기쁨이다. 예수 그리스도 안에서 부활의 생명을 소유한 자들은 영원히 사는 것을 믿는다. 부활이 없으면 모든 것이 허사가 되기 때문이다.

고전 15:16-22 만일 죽은 자가 다시 살아나는 일이 없으면 그리스도도 다시 살아나신 일이 없었을 터이요 그리스도께서 다시 살아나신 일이 없으면 너희의 믿음도 헛되고 너희가 여전히 죄 가운데 있을 것이요 또한 그리스도 안에서 잠자는 자도 망하였으리니 만일 그리스도 안에서 우리가 바라는 것이 다만 이 세상의 삶뿐이면 모든 사람 가운데 우리가 더욱 불쌍한 자이리라 그러나 이제 그리스도께서 죽은 자 가운데서 다시 살아나사 잠자는 자들의 첫 열매가 되셨도다 사망이 한 사람으로 말미암았으니 죽은 자의 부활도 한 사람으로 말미암는도다 아담 안에서 모든 사람이 죽은 것같이 그리스도 안에서 모든 사람이 삶을 얻으리라

첫째 부활에 참여하는 자와 살아서 들림 받는 자가 복이 있다

(마 24:29-31; 고전 15:51-54; 살전 4:13-17).

요 6:53 예수께서 이르시되 내가 진실로 진실로 너희에게 이르노니 인자의 살을 먹지 아니하고 인자의 **피**를 마시지 아니하면 너희 속에 생명이 없느니라

요 6:63 살리는 것은 영이니 육은 무익하니라 내가 너희에게 이른 말은 영이요 생명이라

고후 4:14 주 예수를 다시 살리신 이가 **예수**와 함께 우리도 다시 살리사 너희와 함께 그 앞에 서게 하실 줄을 아노라

요 6:40 내 아버지의 뜻은 아들을 보고 믿는 자마다 영생을 얻는 이것이니 마지막 날에 내가 이를 다시 살리리라 하시니라

롬 8:11 예수를 죽은 자 가운데서 살리신 이의 영이 너희 안에 거하시면 **그리스도 예수**를 죽은 자 가운데서 살리신 이가 너희 안에 거하시는 그의 영으로 말미암아 너희 죽을 몸도 살리시리라

요 11:25-26 예수께서 이르시되 나는 부활이요 생명이니 나를 믿는 자는 죽어도 살겠고 무릇 살아서 나를 믿는 자는 영원히 죽지 아니하리니 이것을 네가 믿느냐

살전 4:16-17 주께서 호령과 천사장의 소리와 **하나님**의 나팔

소리로 친히 하늘로부터 강림하시리니 **그리스도** 안에서 죽은 자들이 먼저 일어나고 그 후에 우리 살아남은 자들도 그들과 함께 구름 속으로 끌어올려 공중에서 **주**를 영접하게 하시리니 그리하여 우리가 항상 **주**와 함께 있으리라

빌 3:21 그는 만물을 자기에게 복종하게 하실 수 있는 자의 역사로 우리의 낮은 몸을 자기 영광의 몸의 형체와 같이 변하게 하시리라

요 5:29 선한 일을 행한 자는 생명의 부활로, 악한 일을 행한 자는 심판의 부활로 나오리라

사도신경 12.
영원히 사는 것을 믿사옵나이다

우리는 새 하늘과 새 땅에서 영원히 산다 (계 21-22장). 하나님은 영원하신 분이다. 하나님의 형상을 따라 지음 받은 사람들도 영원히 살게 된다. 예수 그리스도를 믿는 자는 천국에서 영원히 살 것을 확실히 알고 믿는다. 불신자도 지옥에서 고통 중에 영원히 살게 된다. 영을 가진 사람들은 영원히 천국 아니면 지옥에서 살아가게 된다.

고후 5:1 만일 땅에 있는 우리의 장막 집이 무너지면 하나님께서 지으신 집 곧 손으로 지은 것이 아니요 하늘에 있는 영원한 집이 우리에게 있는 줄 아느니라

히 9:27 한 번 죽는 것은 사람에게 정해진 것이요 그 후에는 심판이 있으리니

갈 6:7-8 스스로 속이지 말라 **하나님**은 업신여김을 받지 아니하시나니 사람이 무엇으로 심든지 그대로 거두리라 자기의 육체를 위하여 심는 자는 육체로부터 썩어질 것을 거두고 **성령**을 위하여 심는 자는 **성령**으로부터 영생을 거두리라

계 21:8 그러나 두려워하는 자들과 믿지 아니하는 자들과 흉악한 자들과 살인자들과 음행하는 자들과 점술가들과 우상 숭배자들과 거짓말하는 모든 자들은 불과 유황으로 타는 못에 던져지리니 이것이 둘째 사망이라

계 20:14-15 사망과 음부도 불못에 던져지니 이것은 둘째 사망 곧 불못이라 누구든지 생명책에 기록되지 못한 자는 불못에 던져지더라

부활의 생명을 받아 누리는 영생은 **예수 그리스도**를 통하여 주시는 영원한 생명으로, 죄와 사망의 권세로부터의 완전한 자유와 생명을 말한다. **예수 그리스도**를 믿은 이후 현재와 장차 미래에 임할 천국에서의 영원한 삶을 가리킨다.

요 17:3 영생은 곧 유일하신 참 **하나님**과 그가 보내신 자 **예수 그리스도**를 아는 것이니이다

딛 3:5 우리를 구원하시되 우리가 행한바 의로운 행위로 말미암지 아니하고 오직 그의 긍휼하심을 따라 중생의 씻음과 **성령**의 새롭게 하심으로 하셨나니

거듭남 (요 3:5; 벧전 1:23)은 영원한 부활 생명으로 영원한 안식을 누리기 위한 것이다. 그렇게 변화되기 위해서 옛 사람을 버리고 새 사람을 입는 것을 말한다 (롬 6:3-4). 그러면 **그리스도**와 연합한 자가 된다 (롬 6:5; 고전 1:30; 갈 3:27).

침례와 새롭게 되는 변화 (엡 4:22, 24; 골 3:9-11)는 이 놀라운 생명의 관계를 맺게 한다 (롬 12:2; 엡 4:23). 중생의 씻음과 **성령**의 새롭게 하심은 새 창조가 완성될 때까지 우리의 온 생애를 통하여 성화되는 것은 **예수님**의 성품으로 **성령**의 열매를 맺는 것이 중요하다. **성령**께서는 우리 안에서 계속적으로 역사한다.

딛 3:6-7 우리 구주 **예수 그리스도**로 말미암아 우리에게 그 **성령**을 풍성히 부어주사 우리로 그의 은혜를 힘입어 의롭다 하심을 얻어 영생의 소망을 따라 상속자가 되게 하려 하심이라

사 40:8 풀은 마르고 꽃은 시드나 우리 **하나님**의 말씀은 영원히 서리라 하라

요일 2:17 이 세상도, 그 정욕도 지나가되 오직 **하나님**의 뜻을 행하는 자는 영원히 거하느니라

계 21:7 이기는 자는 이것들을 상속으로 받으리라 나는 그의 하나님이 되고 그는 내 아들이 되리라

* **우리의 최종 목적지는 새 하늘과 새 땅 (거룩한 성 새 예루살렘)이다.**

계 21:1-2 또 내가 새 하늘과 새 땅을 보니 처음 하늘과 처음 땅이 없어졌고 바다도 다시 있지 않더라 또 내가 보매 거룩한 성 새 예루살렘이 하나님께로부터 하늘에서 내려오니 그 준비한 것이 신부가 남편을 위하여 단장한 것 같더라

이것은 그리스도의 신부이고 (요 3:29) 하나님의 거처인 거룩한 성이다. 또한 이것은 하늘에 속한 예루살렘 (히 12:22)으로 하나님께서 우리를 위하여 예비하셨다. 아브라함과 이삭과 야곱이 갈망하던 것이다 (갈 4:26; 히 11:10, 16).

하와가 아담에게서 나와 그의 배필이 된 것같이 (창 2:21-24), 그리스도의 신부로서 새 예루살렘에 들어갈 수 있는 자격은 그리스도에게서 나와 그의 배필이 되는 것이다 (엡 5:31-32). 성경은 배필이라는 관계를 비유로 말씀한다 (사 54:5; 렘 3:1; 겔 16:8; 호 2:19; 고후 11:2; 엡 5:31-32).

새 하늘과 새 땅에 들어가는 자는 팔복의 삶을 살며, 두 주인을 섬기지 않고, 자기를 부인하는 자이다. 성령의 열매를 맺고 예수 그리스도의 옷을 입는 자, 그리스도와 연합된 자로서 이기는 삶을 사는 자이다. 그런 사람들은 그리스도의 장성한 분량까지

자라고 그 이후에 그리스도의 신부로 거룩한 성에 들어간다 (엡 4:13; 계 21:22).

> **계 21:4** 모든 눈물을 그 눈에서 닦아 주시니 다시는 사망이 없고 애통하는 것이나 곡하는 것이나 아픈 것이 다시 있지 아니하리니 처음 것들이 다 지나갔음이러라

> **계 21:6-7** 또 내게 말씀하시되 이루었도다 나는 알파와 오메가요 처음과 마지막이라 내가 생명수 샘물을 목마른 자에게 값없이 주리니 이기는 자는 이것들을 상속으로 받으리라 나는 그의 **하나님**이 되고 그는 내 아들이 되리라

로마서 5장 15-21절에는 원시복음과 창세 전 신비의 복음이 들어 있다.

> **롬 16:25** 나의 복음과 예수 그리스도를 전파함은 영세 전부터 감추어졌다가

만세 전에 **하나님**이 디자인하신 십자가 사건이 복음의 신비이며 **하나님** 나라의 신비이다.

> **계 10:7** …**하나님**이 그의 종 선지자들에게 전하신 복음과 같이 **하나님** 나라의 이루어지리라 하더라

하나님은 나에게 많은 말씀을 찾아보고 기록하여 나의 영의 양식을 먹을 기회를 주셨다. 그렇게 본 말씀은 나의 영적 양식이 되었고, 성경을 통으로 보는 영적 안목을 얻었다. 생수의 샘물이 넘치고 은혜의 강물이 넘치게 하시니 감사할 뿐이다.

사도신경은 성경 전체의 기둥을 요약한 것으로, 그리스도 예수 안에 있는 자가 말씀에 순종함으로 사명을 완수했을 때 할 수 있는 고백이다. 그러므로 나는 지금도 사명을 완수하는 자가 되기 위해 계속 믿음의 길을 가고자 성령님을 의지하며 도우심을 구한다.

"만유의 주 앞에 감사를 드리고 다 경배하면서 찬송을 부르세"

예수님의 성품으로 삶을 살아가는 것이 성령의 열매이며 성화는 믿음에서 자라나 사랑의 열매를 맺는 것이다 (벧후 1:4-7).

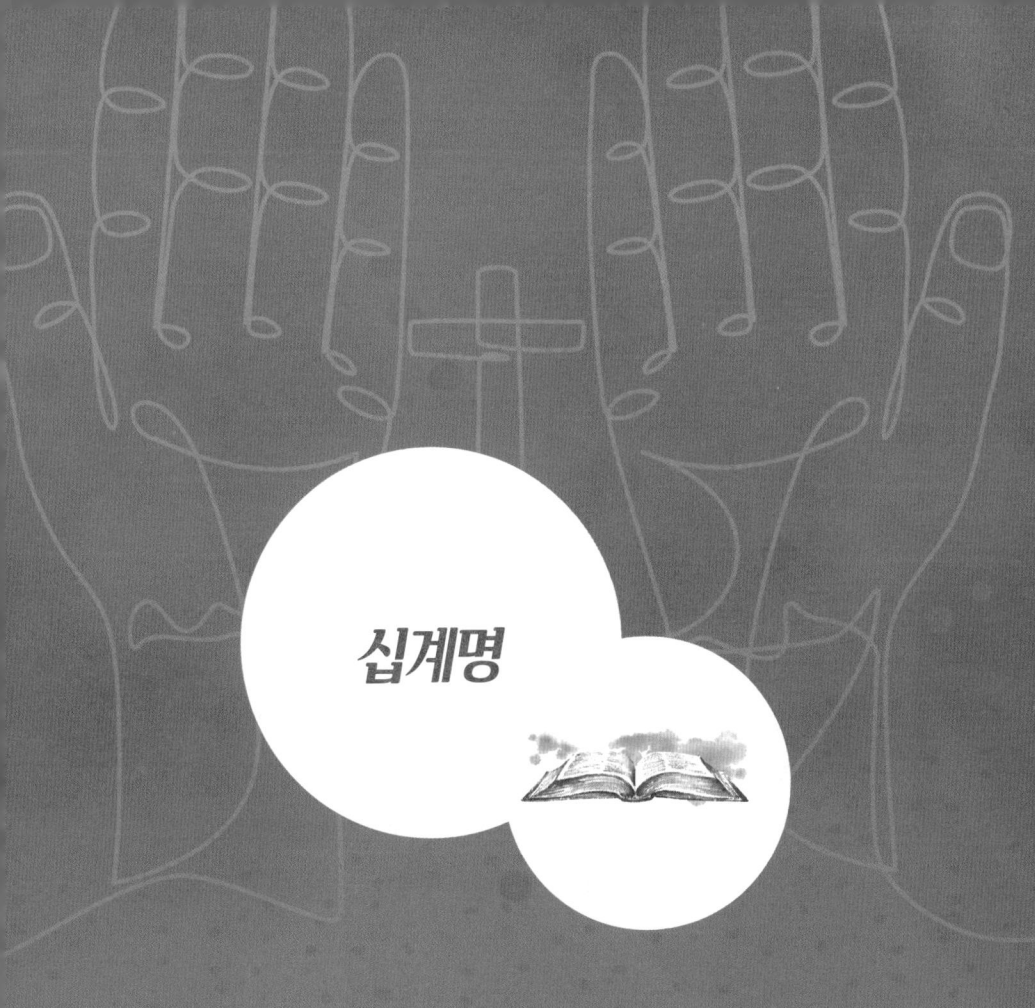

십계명

● 십계명

출애굽기 20:1-17 (참조. 신 5:1-21)

¹하나님이 이 모든 말씀으로 말씀하여 이르시되
²나는 너를 애굽 땅, 종 되었던 집에서 인도하여 낸 네 하나님 여호와니라
³너는 나 외에는 다른 신들을 네게 두지 말라
⁴너를 위하여 새긴 우상을 만들지 말고 또 위로 하늘에 있는 것이나 아래로 땅에 있는 것이나 땅 아래 물 속에 있는 것의 어떤 형상도 만들지 말며
⁵그것들에게 절하지 말며 그것들을 섬기지 말라 나 네 하나님 여호와는 질투하는 하나님인즉 나를 미워하는 자의 죄를 갚되 아버지로부터 아들에게로 삼사 대까지 이르게 하거니와
⁶나를 사랑하고 내 계명을 지키는 자에게는 천 대까지 은혜를 베푸느니라
⁷너는 네 하나님 여호와의 이름을 망령되게 부르지 말라 여호와는 그의 이름을 망령되게 부르는 자를 죄 없다 하지 아니하리라
⁸안식일을 기억하여 거룩하게 지키라
⁹엿새 동안은 힘써 네 모든 일을 행할 것이나
¹⁰일곱째 날은 네 하나님 여호와의 안식일인즉 너나 네 아들이나 네 딸이나 네 남종이나 네 여종이나 네 가축이나 네 문 안에 머무는 객이라도 아무 일도 하지 말라
¹¹이는 엿새 동안에 나 여호와가 하늘과 땅과 바다와 그 가운

데 모든 것을 만들고 일곱째 날에 쉬었음이라 그러므로 나 여호와가 안식일을 복되게 하여 그날을 거룩하게 하였느니라
[12]네 부모를 공경하라 그리하면 네 하나님 여호와가 네게 준 땅에서 네 생명이 길리라
[13]살인하지 말라
[14]간음하지 말라
[15]도둑질하지 말라
[16]네 이웃에 대하여 거짓 증거하지 말라
[17]네 이웃의 집을 탐내지 말라 네 이웃의 아내나 그의 남종이나 그의 여종이나 그의 소나 그의 나귀나 무릇 네 이웃의 소유를 탐내지 말라

● 십계명 들여다보기

아담과 하와가 선악과를 먹은 후 영생권, 교통권, 만물 통치권을 마귀에게 뺏기고 우상을 섬기게 되었다. 십계명은 죄와 사망에 처한 인류 모든 사람이 어떻게 살 것인가에 대한 말씀이다.

1) 십계명은 사람이 어떻게 살 것인가에 대한 말씀이다

첫째, 하나님은 십계명을 통해 거룩하신 삼위일체 하나님 자신을 계시하신다. 십계명은 창조주 하나님의 인격과 양심으로 피조물들의 죄악의 모습을 드러낸다. 신·구약 66권의 말씀은 예언과 성취로 하나님의 주권적인 구속사이다. 죄 아래 있는 자, 율법 아래에 있는 자들을 향한 하나님의 공의와 사랑의 구원과 심판이 분명하게 선포되어 있다 (출 3:14 스스로 있는 자).

둘째, 사탄과 마귀는 공중권세를 잡은 자 (엡 2:1-3)로서 이 세상의 신으로 군림하고 있다. 십계명은 이처럼 모든 사람이 우상을 섬기고 있는 것을 지적하며 알려준다. 하나님께 영광을 돌려야 할 사람들이 마귀의 종이 되어 우상을 섬기고 있음을 말씀한다. 사탄은 하나님의 형상을 따라 지음 받은 아담과 하와에게 선악과를 먹게 한 거짓의 아비 (요 8:44)이며, 모든 인류가 이 사탄과 마귀의 종으로 죄와 사망에 있음을 알게 하신다. 죄의 값은 사망이며, 사탄과 마귀는 인간을 지옥과 유황불 못으로 끌고 간다는 것을 십계명을 통해 온 천하에 드러내신다 (흑암의 권세 골 1:13; 창 1:2;

유 1:6; 엡 6:12; 계 20:1-3, 12:7-9).

> **고후 4:3-4** 만일 우리의 복음이 가리었으면 망하는 자들에게 가리어진 것이라 그중에 이 세상의 신이 믿지 아니하는 자들의 마음을 혼미하게 하여 그리스도의 영광의 복음의 광채가 비치지 못하게 함이니 그리스도는 하나님의 형상이니라

셋째, 십계명은 아담 안에 있는 자들인 모든 인류가 죄와 사망 안에 있음을 선포한다. 피조물들은 하나님의 은혜로만 살 수 있다. 하나님은 우상을 섬기고 있는 모든 사람들에게 통절히 죄인임을 회개하게 하여 구원을 주신다 (창조의 목적은 하나님께 영광 돌리는 것이다. 골 1:16; 사 43:7, 21; 전 12:13-14).

> **행 2:38** 베드로가 이르되 너희가 회개하여 각각 예수 그리스도의 이름으로 세례를 받고 죄 사함을 받으라 그리하면 성령의 선물을 받으리니

> **마 16:16** 시몬 베드로가 대답하여 이르되 주는 그리스도시요 살아 계신 하나님의 아들이시니이다

넷째, 계명을 통해 하나님의 시간표인 7대 절기 및 율법과 복음으로 완성하시는 것을 통으로 보게 하신다. 영생의 복을 주시고 영원한 안식을 주시기 위함이다 (엡 1:3-14).

성령으로 철저히 뼛속까지 죄인임을 회개하는 자는 예수님의

피로 원죄, 자범죄를 사함 받는다. 하나님은 예수의 피가 있는 자를 성령으로 거듭나게 하시고, 하나님의 아들이 되고 그리스도의 신부가 되게 하신다. 그 신비를 십계명에 담아 두셨다 (요 17:3; 엡 2:8; 갈 3:27; 요일 5:12).

유 1:25 곧 우리 구주 홀로 하나이신 하나님께 우리 주 예수 그리스도로 말미암아 영광과 위엄과 권력과 권세가 영원 전부터 이제와 영원토록 있을지어다 아멘

구약은 하나님의 공의를, 신약은 하나님의 사랑을 증거한다. 하나님의 공의로는 하나님의 아들이신 예수님이 십자가에서 못 박혀 죽으사 피를 흘리셨다. 하나님의 사랑은 부활로서 믿는 자에게 성령이 거하실 심령 성전으로서의 부활의 영, 영생을 주시는 것이다. 하나님께서는 우리에게 이러한 자유와 구원을 주고자 십계명을 주셨다.

요 20:31 오직 이것을 기록함은 너희로 예수께서 하나님의 아들 그리스도이심을 믿게 하려 함이요 또 너희로 믿고 그 이름을 힘입어 생명을 얻게 하려 함이니라 (참조. 마 16:16)

요 17:3 영생은 곧 유일하신 참 하나님과 그가 보내신 자 예수 그리스도를 아는 것이니이다 (호 4:6)

요 14:6 예수께서 이르시되 내가 곧 길이요 진리요 생명이니 나

로 말미암지 않고는 아버지께로 올 자가 없느니라

2) 모세에게 친히 주신 십계명

출 34:28 모세가 여호와와 함께 사십 일 사십 야를 거기 있으면
서 떡도 먹지 아니하였고 물도 마시지 아니하였으며 여호와께서
는 언약의 말씀 곧 십계명을 그 판들에 기록하셨더라

하나님은 창조하셨고, 사탄은 부패하게 했으며, 여호와는 구원하려고 언약하셨다. 거짓의 아비가 뱀을 통해 하나님께서 창조하신 사람을 속이고 타락시켰으나 여호와께서 구원을 언약하셨다. 창세기 3장 15절에 등장하는 여자의 후손, 죄에 빠진 온 인류를 구원하는 방편 (출 20:1-17)으로 십계명을 주셨다.

하나님은 하나님의 의를 계시하는 것으로 창조주 하나님을 섬기며 창조의 목적대로 살게 하신다. 동시에 예수님의 보혈로 죄사함을 받아 성령이 거하실 심령의 성전 곧 그리스도의 지체가 되게 하셔서 영원한 영광의 나라를 주신다. 이 모든 일은 하나님의 아들들을 통해 영원히 찬송을 받으며 성령과 진리의 예배로 경배를 받으시기 위함이다.

창세기 1장에는 천지창조와 더불어 하나님의 구속사의 시간표인 7대 절기 (유월절, 무교절, 초실절, 오순절, 나팔절, 속죄일, 초막절 레 23장)가 숨겨져 있다. 창세기 2장의 4대 강에는 하나님이 주권적으로 주시는 은혜가 담겨 있다. 하나님이 의와 행복을 주실 때 보배로운 피와 성령으로 진행하신다는 설명서가 구체적으로 계시되었

다 (창 2:10-14). 성령으로 생명의 강이 흐름으로써 성령의 열매를 맺도록 주관적으로 일하심이다.

창세기 3장 6절에는 선악과 사건 및 여자의 후손과 사탄의 후손이 싸울 것을 명확하게 계시하셨다 (창 3:15). 비유로 말씀하신 것은 창세 전에 감추어졌던 것으로 하나님 나라의 비밀을 담고 있다. 경건의 비밀 안 (딤전 3:15-16)에서 하나님의 비밀인 그리스도 (골 2:2-3), 그리스도의 비밀인 교회 (창 2:21-23; 엡 3:4-6, 5:32)를 통해 신부를 만드시는 신비이다.

하나님의 아들로 오신 예수님은 십자가의 죽음과 부활하심으로 본질상 진노의 자녀에게 긍휼의 자녀로 성령을 받게 하셨다.

> 갈 4:4-5 때가 차매 하나님이 그 아들을 보내사 여자에게서 나게 하시고 율법 아래에 나게 하신 것은 율법 아래에 있는 자들을 속량하시고 우리로 아들의 명분을 얻게 하려 하심이라

> 갈 3:14 이는 그리스도 예수 안에서 아브라함의 복이 이방인에게 미치게 하고 또 우리로 하여금 믿음으로 말미암아 성령의 약속을 받게 하려 함이라

* 하나님의 구속사, 예언과 성취의 십자가 사랑 부활과 다시 오실 재림으로 전체를 봐야 한다.

> 롬 3:20 그러므로 율법의 행위로 그의 앞에 의롭다 하심을 얻을 육체가 없나니 율법으로는 죄를 깨달음이니라

※ 예수 이름으로 죄 사함 (마 1:21; 눅 24:47; 행 10:43)

성령께서 율법 앞에서 내가 날 때부터 뼛속까지 죄인임을 깨닫고 회개하도록 강권적인 은혜를 주시고, 보배로운 피로 죄 사함을 경험하고 난 후 나는 모든 말씀이 믿어졌다. 새로운 피조물이 된 경험은 그 감동과 기쁨을 표현할 길이 없을 정도로 감사하다. 성령께서 부활의 생명을 주시니 부활의 영생의 말씀들이 다 믿어지는 영이요 생명이신 예수 그리스도가 나의 전부가 되었다.

하나님의 법, 구원의 출발은 유월절로 시작한다. 보배로운 피로부터 출발한다 (출 12:3-14). 하나님의 시간표를 통해 7대 절기를 율법과 복음으로 완성하시는 하나님의 계획을 통으로 볼 때 구속사는 더 선명해진다 (레 23장).

율법은 온 인류가 죄악으로 부패한 모습을 여실히 보여준다 (마 15:18-20; 막 7:20-23; 롬 1:28-32; 약 3:15-16).

※ 창세기와 요한계시록은 사탄이 가장 싫어하는 책이다.

사탄, 마귀에 대한 심판이 창세기 3장 14-15절에 기록되어 있다. 여기에서 말하는 여자의 후손으로 예수 그리스도가 등장한다. ① 요한계시록은 하늘에서 전쟁이 있음으로 사탄, 마귀가 땅으로 쫓겨나고 (계 12:7-9), ② 무저갱에 갇히며 (계 20:2-3), ③ 마침내 불과 유황 못에 던져지는 과정 (계 20:10)을 말하고 있다.

율법의 기능은 온 인류가 죄인임을 깨닫게 하는 것이다. 하나님은 율법을 통해 인류가 죄인임을 깨닫는 것과 동시에 회개하여 돌아오길 바라신다.

사람은 마귀의 종으로 우상을 섬기고 있으며 죄와 사망에 매여 지옥으로 가고 있음을 선포하셨다 (창 1:2; 요 8:44).

요 5:24 내가 진실로 진실로 너희에게 이르노니 내 말을 듣고 또 나 보내신 이를 믿는 자는 영생을 얻었고 심판에 이르지 아니하나니 사망에서 생명으로 옮겼느니라

요일 5:12 아들이 있는 자에게는 생명이 있고 하나님의 아들이 없는 자에게는 생명이 없느니라 (요 3:38)

고전 1:18 십자가의 도가 멸망하는 자들에게는 미련한 것이요 구원을 받는 우리에게는 하나님의 능력이라

성령으로 깨닫고 회개하는 자는 죄에서 구원으로, 하나님의 아들의 신분으로 상승 변화가 된다. 하나님께서는 십계명을 선민 이스라엘 백성에게 주셨지만 이방인인 우리에게도 동일하게 주신 것이다 (신 5:1-3).

3) 십계명을 주신 목적

① 창조주 하나님의 정체성을 알게 하셨다 (출 3:14, '나는 스스로 있는 자'; 창 1:1; 요 1:1-3).
십계명으로 유일하신 창조주 하나님을 계시하신다 (출 6:5-7).

출 6:6-7 그러므로 이스라엘 자손에게 말하기를 나는 여호와

라 내가 애굽 사람의 무거운 짐 밑에서 너희를 빼내며 그들의 노역에서 너희를 건지며 편 팔과 여러 큰 심판들로써 너희를 속량하여 너희를 내 백성으로 삼고 나는 너희의 하나님이 되리니 나는 애굽 사람의 무거운 짐 밑에서 너희를 빼낸 너희의 하나님 여호와인 줄 너희가 알지라 (출 6:8)

창조자 하나님께서 창조 목적대로 인간으로 하여금 하나님께 찬송과 영광을 돌리게 함이다.

하나님을 섬기는 자녀에게 신령한 복을 주고 그 능력과 영광으로 하나님의 행복과 의의 옷을 입혀 주시기 위함이며, 영생의 복과 영원한 생명으로, 그리스도의 신부로 새 하늘과 새 땅에 들어가는 안식을 주기 위함이다.

② **사탄과 마귀, 어둠과 죄와 사망의 정체성을 알게 하셨다**
(요 8:44; 요일 3:8).

우상을 섬기는 것을 알게 하신다. 거짓의 아비로 미혹하고 속여서 우상을 섬기게 함으로 경배를 받고 있는 허상들을 알게 하시고, 그것이 마침내 사망과 저주로 지옥, 유황불 못으로 끌려가는 길임을 알려주셨다. 모방의 명수인 마귀는 지금도 하나님처럼 가장하고 미혹하여 많은 사람들이 그 종교성과 지식으로 거짓 종교를 만들게 하고 수많은 사람들을 통하여 경배를 받고 있다.

③ **사람의 정체성 곧 마음이 부패한 죄인들임을 알게 하신**

다 (딤후 3:1-5).

사람은 하나님의 은혜가 없으면 살 수 없는 존재로 죄와 사망으로 흑암에 앉아 있다. 더러운 옷을 입고 죄와 사망 가운데서 우상을 섬기는 부끄러운 존재임을 알게 하셨다.

> 사 64:6 무릇 우리는 다 부정한 자 같아서 우리의 의는 다 더러운 옷 같으며 우리는 다 잎사귀같이 시들므로 우리의 죄악이 바람같이 우리를 몰아가나이다

> 렘 17:9 만물보다 거짓되고 심히 부패한 것은 마음이라 누가 능히 이를 알리요마는

> 렘 2:13 내 백성이 두 가지 악을 행하였나니 곧 그들이 생수의 근원 되는 나를 버린 것과 스스로 웅덩이를 판 것인데 그것은 그 물을 가두지 못할 터진 웅덩이들이니라

> 마 15:18-20 입에서 나오는 것들은 마음에서 나오나니 이것이야말로 사람을 더럽게 하느니라 마음에서 나오는 것은 악한 생각과 살인과 간음과 음란과 도둑질과 거짓 증언과 비방이니 이런 것들이 사람을 더럽게 하는 것이요 씻지 않은 손으로 먹는 것은 사람을 더럽게 하지 못하느니라 (막 7:20-23)

> 갈 5:19-21 육체의 일은 분명하니 곧 음행과 더러운 것과 호색과 우상 숭배와 주술과 원수 맺는 것과 분쟁과 시기와 분냄과 당 짓

는 것과 분열함과 이단과 투기와 술 취함과 방탕함과 또 그와 같은 것들이라 전에 너희에게 경계한 것같이 경계하노니 이런 일을 하는 자들은 하나님의 나라를 유업으로 받지 못할 것이요

만세 전에 감추어졌던 것으로 하나님 나라의 비밀을 실행하시는 성령의 역사하심이다. 우상을 섬기는 자들을 향한 하나님의 돌이키라는 권고이며, 영원한 생명을 주시는 사랑의 구속사이다.

롬 6:23 죄의 삯은 사망이요 하나님의 은사는 그리스도 예수 우리 주 안에 있는 영생이니라

죗값인 사망으로 죽어야 할 온 인류를 위하여 영이신 하나님께서 말씀이 육신을 입고 (요 1:14) 이 땅에 하나님의 아들로 오셨다 (요 1:14, 18, 20:31; 마 16:16).

예수님께서 십자가에 못 박혀 피 흘려 죽으시고 3일 만에 부활하셨다는 복음을 듣고 회개하여 물과 성령으로 거듭나는 것이 영적으로 출생하는 것이다 (요 3:3, 5).
그리스도인은 창조주 하나님의 뜻을 알고 우상을 버리고 삶의 주인이신 그리스도 예수를 나의 구주로 믿고 살아가며 일평생 성화되는 삶의 여정을 걸어가야 한다. 자기를 부인하는 것은 자기중심의 삶에서 그리스도 예수 중심의 삶을 구하는 것이다 (갈 2:20).

마 6:24 한 사람이 두 주인을 섬기지 못할 것이니 혹 이를 미워하고 저를 사랑하거나 혹 이를 중히 여기고 저를 경히 여김이라 너희가 하나님과 재물을 겸하여 섬기지 못하느니라

십계명 1.
1계명: 너는 나 외에는 다른 신들을 네게 두지 말라

창조주 하나님, 영광의 하나님, 위대하고 거룩하신 삼위 하나님을 찬양합니다.

롬 7:12 이로 보건대 율법은 거룩하고 계명도 거룩하고 의로우며 선하도다

십계명은 영이신 거룩하신 창조주 하나님을 계시한다 (출 6:5-7). 십계명은 하나님의 유일성을 부인한 사탄, 마귀를 폭로하고 있다. 십계명은 죄와 사망 가운데 있는 인류의 모습을 정확하게 보여주며 영생을 주시는 하나님의 계획과 뜻을 담고 있다.
1계명을 역으로 보면, 모든 인류는 창조주 하나님을 믿지 않고

사탄, 마귀의 종으로 죄와 사망 안에 있음을 알 수 있다. 즉 1계명은 온 인류가 창조주 하나님 외에 우상, 다른 신들을 섬기고 있다는 선언이다.

> 롬 3:20 그러므로 율법의 행위로 그의 앞에 의롭다 하심을 얻을 육체가 없나니 율법으로는 죄를 깨달음이니라

율법은 죄를 깨닫게 한다. 사망과 죄에서 구원을 주시는 아버지 하나님의 마음을 알고 죄에 모습인 인류의 모습을 살펴본다.

> 롬 1:25 이는 그들이 하나님의 진리를 거짓 것으로 바꾸어 피조물을 조물주보다 더 경배하고 섬김이라 주는 곧 영원히 찬송할 이시로다 아멘

> 롬 1:28-29 또한 그들이 마음에 하나님 두기를 싫어하매 하나님께서 그들을 그 상실한 마음대로 내버려 두사 합당하지 못한 일을 하게 하셨으니 곧 모든 불의, 추악, 탐욕, 악의가 가득한 자요 시기, 살인, 분쟁, 사기, 악독이 가득한 자요 수군수군하는 자요 (참조. 롬 1:21-32)

인류 창조의 목적은 삼위일체 하나님을 섬기며 그 은혜와 영광에 감사의 찬송을 돌리게 하는 것이다. 예수님이 하나님의 아들이시며 그리스도이심을 믿는 것이다.

마 16:16 시몬 베드로가 대답하여 이르되 주는 그리스도시요 살아 계신 하나님의 아들이시니이다

요 20:31 오직 이것을 기록함은 너희로 예수께서 하나님의 아들 그리스도이심을 믿게 하려 함이요 또 너희로 믿고 그 이름을 힘입어 생명을 얻게 하려 함이니라

우리가 믿는 창조주 하나님은 유일하신 분으로 성부, 성자, 성령, 삼위일체 하나님이시다 (마 3:16-17, 28:19; 고후 13:13). 그 본성과 본질, 성품과 능력, 힘과 영광이 동일하고 목적과 통치에 있어서 온전히 하나이시다.

성경 전체는 예수 그리스도를 통해 얻는 영원한 생명과 헛된 우상을 섬기는 결과인 사망으로 정확하게 두 길을 제시한다. 예수 그리스도를 믿지 않으면 결과적으로 지옥, 유황불 못에 들어가는 것을 선포하셨다.

요 16:9 죄에 대하여라 함은 그들이 나를 믿지 아니함이요

시 111:7-10 그의 손이 하는 일은 진실과 정의이며 그의 법도는 다 확실하니 영원무궁토록 정하신 바요 진실과 정의로 행하신 바로다 여호와께서 그의 백성을 속량하시며 그의 언약을 영원히 세우셨으니 그의 이름이 거룩하고 지존하시도다 여호와를 경외함이 지혜의 근본이라 그의 계명을 지키는 자는 다 훌륭한 지각을 가진 자이니 여호와를 찬양함이 영원히 계속되리로다

십계명에는 하나님의 양심과 인격이 드러난다.
① 하나님은 질투하시는 분 (출 20:4-6, 참조. 출 34:14)
② 하나님은 거룩하신 분 (출 20:8-11)
③ 하나님은 사랑하시는 분 (출 20:6, 12-14)
④ 하나님은 의로우신 분 (출 20:5)
⑤ 하나님은 진실하신 분 (출 20:16)
⑥ 하나님은 순수하신 분 (출 20:2-3, 17)

* **십계명의 정신은 창조주를 섬기라는 것이다.**

출 20:1-2 하나님이 이 모든 말씀으로 말씀하여 이르시되 나는 너를 애굽 땅, 종 되었던 집에서 인도하여 낸 네 하나님 여호와니라 (참조. 출 20:1-17)

출 6:5-7 이제 애굽 사람이 종으로 삼은 이스라엘 자손의 신음 소리를 내가 듣고 나의 언약을 기억하노라 그러므로 이스라엘 자손에게 말하기를 나는 여호와라 내가 애굽 사람의 무거운 짐 밑에서 너희를 빼내며 그들의 노역에서 너희를 건지며 편 팔과 여러 큰 심판들로써 너희를 속량하여 너희를 내 백성으로 삼고 나는 너희의 하나님이 되리니 나는 애굽 사람의 무거운 짐 밑에서 너희를 빼낸 너희의 하나님 여호와인 줄 너희가 알지라

출 12:13 내가 애굽 땅을 칠 때에 그 피가 너희가 사는 집에 있어서 너희를 위하여 표적이 될지라 내가 피를 볼 때에 너희를 넘

어가리니 재앙이 너희에게 내려 멸하지 아니하리라

마 26:28 이것은 죄 사함을 얻게 하려고 많은 사람을 위하여 흘리는바 나의 피 곧 언약의 피니라

마 22:37-40 예수께서 이르시되 네 마음을 다하고 목숨을 다하고 뜻을 다하여 주 너의 하나님을 사랑하라 하셨으니 이것이 크고 첫째 되는 계명이요 둘째도 그와 같으니 네 이웃을 네 자신같이 사랑하라 하셨으니 이 두 계명이 온 율법과 선지자의 강령이니라

십계명은 공의와 사랑의 구속사이다. 하나님께서는 공의와 사랑으로 법을 집행하신다 (요 12:48-50; 약 4:12).

* **하나님의 말씀은 반드시 이루어진다** (사 55:10-11; 마 24:34-35, 5:18).

사 14:24-27 만군의 여호와께서 맹세하여 이르시되 내가 생각한 것이 반드시 되며 내가 경영한 것을 반드시 이루리라 내가 앗수르를 나의 땅에서 파하며 나의 산에서 그것을 짓밟으리니 그 때에 그의 멍에가 이스라엘에게서 떠나고 그의 짐이 그들의 어깨에서 벗어질 것이라 이것이 온 세계를 향하여 정한 경영이며 이것이 열방을 향하여 편 손이라 하셨나니 만군의 여호와께서 경영하셨은즉 누가 능히 그것을 폐하며 그의 손을 펴셨은즉

누가 능히 그것을 돌이키랴

오늘날 다신론과 범신론 등으로 자연을 섬기며 많은 종교를 만들어 섬기는 자들이 부지기수이다. 우리가 **예수님**을 만나지 못하게 하는 영적 존재인 마귀는 우리를 훼방하며 혼미케 하는 방해꾼이다.

고후 4:3-4 만일 우리의 복음이 가리었으면 망하는 자들에게 가리어진 것이라 그중에 이 세상의 신이 믿지 아니하는 자들의 마음을 혼미하게 하여 **그리스도**의 영광의 복음의 광채가 비치지 못하게 함이니 **그리스도**는 **하나님**의 형상이니라

종교성을 이용해서 만든 많고 많은 종교를 통해 생명 없는 헛된 신들을 섬기고 결국은 지옥에 간다. 우상을 섬기는 어리석은 사람들이 많은 것은 사탄과 마귀의 계략이요 악한 술책 때문이다. 애굽 땅, 죄의 종살이를 하던 집에서 이스라엘을 인도하여 낸 출애굽의 유월절 어린 양의 **피**를 기억하며 늘 **보혈**의 능력을 감사하며 승리케 하시는 **하나님**께 영광을 돌려야 한다.

신 5:6-7 나는 너를 애굽 땅, 종 되었던 집에서 인도하여 낸 네 **하나님 여호와**라 나 외에는 다른 신들을 네게 두지 말지니라

하나님은 **하나님** 나라의 비밀로 창세 전에 감추어졌던 것을 구체화하셨다. 아담과 하와가 선악과를 먹기 이전 곧 창세 전에 완

성된 십자가의 디자인은 **하나님**의 감춰진 복음의 신비이다.

> **창 3:4-6** 뱀이 여자에게 이르되 너희가 결코 죽지 아니하리라 너희가 그것을 먹는 날에는 너희 눈이 밝아져 **하나님**과 같이 되어 선악을 알 줄 **하나님**이 아심이니라 여자가 그 나무를 본즉 먹음직도 하고 보암직도 하고 지혜롭게 할 만큼 탐스럽기도 한 나무인지라 여자가 그 열매를 따 먹고 자기와 함께 있는 남편에게도 주매 그도 먹은지라 (참조. 요일 2:16)

타락한 천사는 교만하여 **하나님**의 보좌를 탐하다가 땅으로 내쫓겼다 (계 12:7-9; 유 1:6). 뱀은 저주를 받아 배로 다니고 흙을 먹게 되었다 (창 3:14). **하나님**은 흙으로 지음 받은 육체를 뱀에게 주셨다.

사탄과 마귀와 귀신은 지금도 영혼을 죽이기 위해 먹이를 찾는 포식자이다. 이 땅에 사는 동안 영을 담은 연약한 우리 육체를 끊임없이 공격하며 죄짓고 병들게 한다. **하나님**의 형상으로 지음 받은 사람이 **하나님**께 영광을 돌리지 못하게 하며, 이 세상의 임금이요 이 세상의 신으로 미혹하여 자기가 경배를 받고 있는 거짓의 아비이다 (요 8:44).

> **창 3:15** 내가 너로 여자와 원수가 되게 하고 네 후손도 여자의 후손과 원수가 되게 하리니 여자의 후손은 네 머리를 상하게 할 것이요 너는 그의 발꿈치를 상하게 할 것이니라 하시고 (참조. 히 2:14; 요일 3:8)

약 2:19 네가 하나님은 한 분이신 줄을 믿느냐 잘하는도다 귀신들도 믿고 떠느니라

약 1:22 너희는 말씀을 행하는 자가 되고 듣기만 하여 자신을 속이는 자가 되지 말라

* 여호와께서 언약하신 예언과 성취는 성경 전체 요약이다.
여호와께서 언약하신 내용을 예수 그리스도께서 십자가에서 죽고 3일 만에 부활하심으로 성취하시고 다 이루셨다 (요 19:30).

① 여호와 이레 - 친히 준비하시는 하나님 / 창 22:14; 마 1:21; 요 1:29
② 여호와 샬롬 - 평강의 하나님 / 삿 6:24; 요 14:27, 20:19
③ 여호와 라파 - 치료하시는 하나님 / 출 15:26; 벧전 2:24-25
④ 여호와 닛시 - 승리하시는 하나님 / 출 17:15; 요 11:25, 16:33
⑤ 여호와 로이 - 목자이신 하나님 / 시 23:1; 마 11:27, 17:5; 요 10:2
⑥ 여호와 삼마 - 임마누엘의 하나님 / 겔 48:35; 마 1:23
⑦ 여호와 치드케누 - 의 되신 하나님 / 렘 23:6, 33:16; 갈 2:16; 롬 3:24
⑧ 여호와 체바오트 - 만군의 하나님 (전쟁) / 삼상 17:45-47; 말 3:14
⑨ 여호와 카다쉬 - 거룩하신 하나님 / 레 19:2; 히 10:10, 13:12

하나님의 언약과 그 성취를 성령의 감동으로 깨달아, 철저히 뼛속까지 죄인이요 날 때부터 죄인임을 회개하면 그리스도의 피로써 죄 사함을 받는다 (엡 1:7). 그 피가 있는 자는 성령께서 보증하고 인 치신다 (요 3:5; 고후 1:22, 5:5). 그러한 자에게 성령께서 예수님의 전

생애를 가지고 그 안에 들어가 하나님의 나라를 세우신다.

> 롬 14:17 하나님의 나라는 먹는 것과 마시는 것이 아니요 오직 성령 안에 있는 의와 평강과 희락이라 (요 7:38)

> 마 5:17 내가 율법이나 선지자를 폐하러 온 줄로 생각하지 말라 폐하러 온 것이 아니요 완전하게 하려 함이라 (롬 10:4, 율법의 마침)

하나님은 눈에 보이는 행동의 죄에서 마음의 죄까지 다 확연히 잡아내고 드러내신다.

거룩하신 하나님께서 "나 외에 다른 신을 네게 두지 말라"고 말씀하신 것은, 하나님을 떠나서 타락한 사람들이 사탄, 마귀로 인해 우상을 섬기고 있음을 단적으로 보여준다 (계 12:7-9; 유 1:6; 창 1:2; 사 14:12-20; 겔 28:12-17; 요 8:44; 고후 4:4; 히 2:14-15).

> 잠 16:18 교만은 패망의 선봉이요 거만한 마음은 넘어짐의 앞잡이니라

찬양하는 그룹 천사장이 하나님께서 주신 모든 것을 가지고 우월감과 교만함으로 하나님의 보좌를 탐하였다. 그 결과 땅으로 쫓기고 공중권세 잡은 자로서 많은 사람을 미혹하고 있다. 지위와 직분을 박탈당한 그가 바로 사탄, 마귀이며 루시퍼라고 한다.

* 사탄은 하나님의 유일성을 부인한 자이다.

온 인류가 **하나님**을 부인하며 사는 것은 뱀이 에덴동산에서 하와와 아담으로 하여금 선악과를 먹도록 미혹함으로 인류의 영혼을 도둑질했기 때문이다.

사탄은 아담에게서 만물의 통치권, 영생권, 교통권을 빼앗은 거짓말쟁이요 살인자이다. **하나님**께 영광을 돌려야 하는 피조물의 마음을 혼미하게 하여 우상을 섬기게 함으로 그들의 경배를 받는다. 간음자요 살인자의 배후에는 이간질하는 마귀가 있다.

하나님 나라의 비밀로 감추어진 것의 경륜과 섭리가 펼쳐진다.

아담과 하와가 선악과를 먹음으로 영이신 **하나님**께서 때가 차매 여자의 후손으로 오실 수 있게 되었다. 온 인류의 죄를 속량하기 위해 죽고 부활하라는 아버지의 명령으로 (요 10:18) 때가 차매 율법 아래에서 나시고 (갈 4:4-5) 여자의 후손으로, **하나님**의 아들로 오셨다.

선악과를 보면서 **예수님**의 죽음과 부활을 보는 하늘의 시각, 더 넓게 보는 시각을 소유하라. 거룩하신 **하나님**의 아들로 우리의 죄를 짊어지기 위해 율법 아래에서 오실 길이 열린 것이다 (창 3:15; 갈 4:4-5).

십자가에서 **피** 흘리시는 죽음과 부활이라는 **하나님**의 마스터플랜의 구속사가 작동되고 있다. 그러므로 **그리스도**의 신부가 되는 신비와 **예수 그리스도**와 함께 보좌에 앉는 영광도 있다.

영광의 면류관 되신 주 **예수 그리스도**는 교회의 머리가 되시고 땅과 하늘과 모든 권세를 가지신 분이시다. 거룩하고 위대하신 창조주 하나님께 감사와 찬송과 영광을 세세토록 돌린다.

예수님께서 십자가에서 흘리신 보배로운 피만이 우리를 죄에서 구원해 준다. 교회의 본질은 예수님의 피에서 시작된다. 보배로운 피는 생명이다 (레 17:11). 원죄와 자범죄를 정결케 하는 능력은 오직 예수님의 새 언약의 피에만 있다. 피의 능력이다 (어린 양, 요 1:29; 그리스도의 피, 히 9:14-15, 22).

자범죄를 용서받기 위해서는 날마다 손과 발을 씻듯이 회개하며 감사해야 한다. 구약의 놋 번제단에서 제물의 피를 가지고 들어가듯 신약에서는 예수님의 피 공로를 의지하여 아버지 하나님께 나아간다. 피 공로를 의지하여 예배와 기도, 찬양을 드릴 때 하나님께서 이를 받으신다.

에베소 교회는 첫사랑을 잃어버렸기에 책망하시며 (계 2:4) 촛대를 옮길 것을 말씀하셨다. 첫사랑이란 놋 번제단의 제물의 피를 의미한다. 바로 예수님의 보혈로 죄 사함을 받는 것이기 때문에 (유월절) 첫사랑이라 한다.

피 공로가 없고 보혈로 죄 사함 받음에 대한 감사가 없는 예배가 얼마나 많은지 모른다. 영적인 귀를 크게 열라. 예수님이 하나님의 아들이시며 그리스도이심을 믿는 자는 보혈의 피로 말미암은 구속의 기쁨을 찬양하게 된다.

* 하나님의 관심은 보배로운 피에 있다.

피의 능력을 매 순간 고백하고 의지하여 피의 능력을 경험하는 성령의 일하심을 증언하라.

* 수직관계로 우선순위를 바꾸는 것이 매우 중요하다.

창조 목적을 따라 사는 자로 나라와 민족과 교회와 열방의 영혼을 위해 예수님의 피 공로를 의지하며 하나님의 뜻에 부합한 기도를 함께 드리며 나아가야 한다.

1) 첫째 돌판과 둘째 돌판은 각각 율법과 복음을 나타낸다

> 출 31:18 여호와께서 시내산 위에서 모세에게 이르시기를 마치신 때에 증거판 둘을 모세에게 주시니 이는 돌판이요 하나님이 친히 쓰신 것이더라

구약은 하나님의 공의를 신약은 하나님의 사랑을 증거한다. 하나님의 공의는 하나님의 아들로 오신 예수님이 십자가에서 못 박혀 죽으심이다. 사랑은 부활로서 믿는 자에게 성령으로 보증하사 부활의 생명으로 천국을 주심이다.

이스라엘의 출애굽은 유월절 어린 양의 피로 시작된다 (출 12:13-14). 애굽 땅 무거운 짐 밑에서 종 되었던 그들을 향한 하나님의 사랑은 유월절로 시작된다 (출 6:5-7).

아담과 하와가 선악과를 먹은 후에 여자의 후손으로 오실 메시아에 대한 약속을 처음부터 일관되게 말씀하신다 (창 3:6, 15). 그러나, 창세전에 계획된 일을 진행, 경영하심이다 (엡 1:4; 사 14:24-26).

사탄과 마귀의 종으로서 죄와 사망에서 지내는 우리를 빼내어 창조주 하나님의 백성과 자녀로, 그리스도의 신부로 만드시는 러

브 스토리이다.

> 요 17:3 영생은 곧 유일하신 참 하나님과 그가 보내신 자 예수 그리스도를 아는 것이니이다 (마 16:16)

영적인 체험으로 성령으로 거듭남을 경험한 자는 그냥 마음에 와 닿는다.
오늘도 성령님의 가르쳐주시고 깨닫고 순종하게 하심은 그리스도의 법에 복종하는 것이다.

* 깨어진 언약과 새 언약은 율법을 완성하신 예수 그리스도이시다 (히 8:10; 출 19:5-6; 마 5:17; 롬 10:4).

> 출 34:1 여호와께서 모세에게 이르시되 너는 돌판 둘을 처음 것과 같이 다듬어 만들라 네가 깨뜨린 처음 판에 있던 말을 내가 그 판에 쓰리니 (참조. 신 10:1-5, 두 번째 돌판)

모세는 시내산에서 하나님께 십계명을 받아 내려올 때 형 아론과 백성들이 금송아지 우상을 만들어 춤추고 노래하며 우상숭배하는 모습을 보고 그 십계명 돌판을 던져서 깨버렸다. 이 첫 번째 돌판은 율법이며, 예수님께서 오셔서 그 율법을 완성하신 예수 그리스도께서 복음으로 완성할 것을 미리 보여주셨다.
첫 번째 돌판은 율법을 상징하고, 두 번째 돌판은 복음을 상징한다. 첫 번째 돌판은 하나님께 받았지만 깨지고 말았다. 그리고 하나님께서 모세에게 두 번째 돌판을 직접 만들어서 시내산으로 올라오라고 명령하셨다. 우리는 이 돌판을 통해서 율법과 복음을 깨달을 수 있어야 한다.

첫 언약인 율법으로 철저히 죄인임을 깨닫고 회개하는 자에게 새 언약인 예수님의 피를 통하여 죄 사함을 받게 하고, 부활하신 그리스도의 영인 성령으로 부활의 영생을 주시고, 하나님의 자녀로 천국의 상속권을 안겨주신다.

지금 나는 첫째 언약인 율법 아래에 있는지, 아니면 새 언약인 예수 그리스도 안에 있는지 확인하고, 예수 그리스도로 영원한 생명을 얻은 자인지에 대한 영적 진단이 필요하다.

* 새 언약은 십자가를 통해 주시는 성령을 받게 함이다.

보배로운 피로 의롭고 거룩하게 하시며 성령께서 인 치고 보증하사 심령의 성전이 되어 임마누엘로 심령의 천국을 누린다.

> 렘 31:31-33 여호와의 말씀이니라 보라 날이 이르리니 내가 이스라엘 집과 유다 집에 새 언약을 맺으리라 이 언약은 내가 그들의 조상들의 손을 잡고 애굽 땅에서 인도하여 내던 날에 맺은 것과 같지 아니할 것은 내가 그들의 남편이 되었어도 그들이 내 언약을 깨뜨렸음이라 여호와의 말씀이니라 그러나 그날 후에 내가 이스라엘 집과 맺을 언약은 이러하니 곧 내가 나의 법을 그들의 속에 두며 그들의 마음에 기록하여 나는 그들의 하나님이 되고 그들은 내 백성이 될 것이라 여호와의 말씀이니라

히 10:15-16 또한 **성령**이 우리에게 증언하시되 **주**께서 이르시되 그날 후로는 그들과 맺을 언약이 이것이라 하시고 내 법을 그들의 마음에 두고 그들의 생각에 기록하리라 하신 후에

그리고 율법은 죄를 깨닫게 하는 기능을 가지고 있다. 우리를 **예수님**께 안내하는 초등교사이다.

롬 3:20 그러므로 율법의 행위로 그의 앞에 의롭다 하심을 얻을 육체가 없나니 율법으로는 죄를 깨달음이니라 (참조. 사 64:6, 사람의 의가 더러운 옷과 같음)

약 2:10 누구든지 온 율법을 지키다가 그 하나를 범하면 모두 범한 자가 되나니

갈 3:24 이같이 율법이 우리를 **그리스도**께로 인도하는 초등교사가 되어 우리로 하여금 믿음으로 말미암아 의롭다 함을 얻게 하려 함이라

마 5:17 내가 율법이나 선지자를 폐하러 온 줄로 생각하지 말라 폐하러 온 것이 아니요 완전하게 하려 함이라 (롬 10:4 율법의 마침)

창조주 삼위 **하나님**을 섬길 것인지, 아니면 날 때부터 죄인이며 뼛속까지 죄인으로서 먼지와 안개 같은 피조물인 나를 의지할 것인지, 우리가 선택하도록 우리 앞에 생명과 사망의 길을 분명히

제시하셨다.

구약에서는 외부의 율법, 명령을 지키는 종의 신분이다. 신약에서는 언약의 피를 믿는 자마다 죄 사함과 성령을 통해서 주시는 영원한 생명으로 하나님의 아들이 되며 예수 그리스도의 지체가 되며, 신부가 된다.

우상 숭배는 예수 그리스도를 통해 누리는 영생에서 밀어지게 하며, 보이는 우상과 보이지 않는 우상은 우리의 영혼, 마음을 빼앗고 도둑질하고 죽이고 멸망시키고, 결국에는 영원한 심판의 자리에서 유황불 못으로 가게 한다. 하나님의 말씀의 빛에 비추어 볼 때 사탄, 마귀의 속성을 속속들이 알 수 있다.

두 주인을 섬길 수 없음을 권고하시는 분은 인격적인 유일하신 하나님이시다 (마 6:24).

2) 의를 입혀 주심

하나님은 그리스도의 보배로운 피와 성령의 거듭남으로 하나님이 의, 예수님의 의, 성령의 의를 우리에게 나에게 의를 입혀 주신다.

> 요 3:5-6 예수께서 대답하시되 진실로 진실로 네게 이르노니 사람이 물과 성령으로 나지 아니하면 하나님의 나라에 들어갈 수 없느니라 육으로 난 것은 육이요 영으로 난 것은 영이니

이 부활의 생명은 영원한 새 예루살렘에서 완성될 것이므로

하나님의 비밀인 **그리스도**, **그리스도**의 비밀인 교회로 세우시는 **하나님**의 목적은 정결한 신부가 되는 것이다 (창 2:23; 엡 5:32).

유일하신 삼위일체 **하나님**의 역사의 주인 되심과 그 주권을 철저히 인식하라.

> **마 28:18-20** 예수께서 나아와 말씀하여 이르시되 하늘과 땅의 모든 권세를 내게 주셨으니 그러므로 너희는 가서 모든 민족을 제자로 삼아 아버지와 아들과 **성령**의 이름으로 세례를 베풀고 내가 너희에게 분부한 모든 것을 가르쳐 지키게 하라 볼지어다 내가 세상 끝날까지 너희와 항상 함께 있으리라 하시니라

지금은 종교의 혼합과 자유주의 신학의 바람이 일어나서 전 세계의 10퍼센트 미만인 기독교인 중에서 70~80퍼센트가 복음을 떠나고 있다고 한다. 다원주의와 인본주의 지식, 윤리 도덕과 종교의 영으로 자유롭고 편안한 신앙을 추구하고 선택하여 성경에서 **하나님**이 원하시는 것과 믿음에서 멀어지는 추세이다.

지금은 말세로 강력한 재림의 징조로 혼란한 때이다. 성경의 핵심 되는 팔복의 말씀과 **하나님**의 뜻에 부합한 기도로 **성령**께서 주신 사명에 깨어 거룩한 믿음과 진리로 세워져야 한다 (유다서 1:20).

> **마 7:13-14** 좁은 문으로 들어가라 멸망으로 인도하는 문은 크고 그 길이 넓어 그리로 들어가는 자가 많고 생명으로 인도하는 문은 좁고 길이 협착하여 찾는 자가 적음이라

3) 거듭남으로 세우심

말씀을 마음판에 쓰는 것은 피와 성령으로 거듭남으로 아들로 세워지는 것이다.

피로 속량하시고 성령으로 거듭남은 심령의 성전이 되는 것으로 그런 사람은 그리스도의 지체이다. 이는 하나님의 디자인으로 만세 전에 미리 정하셨다.

> 엡 1:4-6 곧 창세 전에 그리스도 안에서 우리를 택하사 우리로 사랑 안에서 그 앞에 거룩하고 흠이 없게 하시려고 그 기쁘신 뜻대로 우리를 예정하사 예수 그리스도로 말미암아 자기의 아들들이 되게 하셨으니 이는 그가 사랑하시는 자 안에서 우리에게 거저 주시는 바 그의 은혜의 영광을 찬송하게 하려는 것이라

> 고전 2:7 오직 은밀한 가운데 있는 하나님의 지혜를 말하는 것으로서 곧 감추어졌던 것인데 하나님이 우리의 영광을 위하여 만세 전에 미리 정하신 것이라

> 고후 3:3 너희는 우리로 말미암아 나타난 그리스도의 편지니 이는 먹으로 쓴 것이 아니요 오직 살아 계신 하나님의 영으로 쓴 것이며 또 돌판에 쓴 것이 아니요 오직 육의 마음판에 쓴 것이라

> 고후 3:13-16 우리는 모세가 이스라엘 자손들에게 장차 없어

질 것의 결국을 주목하지 못하게 하려고 수건을 그 얼굴에 쓴 것같이 아니하노라 그러나 그들의 마음이 완고하여 오늘까지도 구약을 읽을 때에 그 수건이 벗겨지지 아니하고 있으니 그 수건은 그리스도 안에서 없어질 것이라 오늘까지 모세의 글을 읽을 때에 수건이 그 마음을 덮었도다 그러나 언제든지 주께로 돌아가면 그 수건이 벗겨지리라

성령을 받은 자에게는 마음을 덮었던 수건이 벗어진다.

엡 1:13 그 안에서 너희도 진리의 말씀 곧 너희의 구원의 복음을 듣고 그 안에서 또한 믿어 약속의 성령으로 인 치심을 받았으니

요 3:5 예수께서 대답하시되 진실로 진실로 네게 이르노니 사람이 물과 성령으로 나지 아니하면 하나님의 나라에 들어갈 수 없느니라

* 영원한 생명, 부활의 영으로 구원의 확신과 기쁨을 주신다.

창 2:7 여호와 하나님이 땅의 흙으로 사람을 지으시고 생기를 그 코에 불어넣으시니 사람이 생령이 되니라

고전 15:45 기록된바 첫 사람 아담은 생령이 되었다 함과 같이 마지막 아담은 살려 주는 영이 되었나니

고후 4:6 어두운 데에 빛이 비치라 말씀하셨던 그 **하나님**께서 **예수 그리스도**의 얼굴에 있는 **하나님**의 영광을 아는 빛을 우리 마음에 비추셨느니라

요 3:5 예수께서 대답하시되 진실로 진실로 네게 이르노니 사람이 **물**과 **성령**으로 나지 아니하면 **하나님**의 나라에 들어갈 수 없느니라

고후 3:17 주는 영이시니 **주**의 영이 계신 곳에는 자유가 있느니라

요 6:63 살리는 것은 영이니 육은 무익하니라 내가 너희에게 이른 말은 영이요 생명이라

요 6:54-55 내 살을 먹고 내 **피**를 마시는 자는 영생을 가졌고 마지막 날에 내가 그를 다시 살리리니 내 살은 참된 양식이요 내 **피**는 참된 음료로다

하나님은 씨, 곧 진리의 말씀으로 우리를 낳으신다.

벧전 1:23 너희가 거듭난 것은 썩어질 씨로 된 것이 아니요 썩지 아니할 씨로 된 것이니 살아 있고 항상 있는 **하나님**의 말씀으로 되었느니라

약 1:18 그가 그 피조물 중에 우리로 한 첫 열매가 되게 하시려고 자기의 뜻을 따라 진리의 말씀으로 우리를 낳으셨느니라

롬 10:17 그러므로 믿음은 들음에서 나며 들음은 **그리스도**의 말씀으로 말미암았느니라

롬 10:9-10 네가 만일 네 입으로 **예수**를 **주**로 시인하며 또 **하나님**께서 그를 죽은 자 가운데서 살리신 것을 네 마음에 믿으면 구원을 받으리라 사람이 마음으로 믿어 의에 이르고 입으로 시인하여 구원에 이르느니라

십계명 2.
2계명: 너를 위하여 새긴 우상을 만들지 말라

우상을 섬기는 자는 결국 죽음이며 지옥으로 가게 된다. 모든 인류 사람들이 우상을 만들고 섬기고 있음을 역으로 말씀하고 계신다.

> **출 20:4-6** 너를 위하여 새긴 우상을 만들지 말고 또 위로 하늘에 있는 것이나 아래로 땅에 있는 것이나 땅 아래 물 속에 있는 것의 어떤 형상도 만들지 말며 그것들에게 절하지 말며 그것들을 섬기지 말라 나 네 **하나님 여호와**는 질투하는 **하나님**인즉 나를 미워하는 자의 죄를 갚되 아버지로부터 아들에게로 삼사 대까지 이르게 하거니와 나를 사랑하고 내 계명을 지키는 자에게는 천 대까지 은혜를 베푸느니라

창조주 **하나님**을 섬겨야 할 피조물들에게 **하나님**의 구속사는 율법과 복음으로 완성된다. 7대 절기를 통하여 **하나님**의 시간표를 진행하신다.

* '삼사 대까지'의 의미 (출 20:5)
① 율법 이전 시대
② 율법 시대
③ 복음 시대 (은혜 시대, 교회 시대)
④ 천년왕국

* '나를 사랑하고 내 계명을 지키는 자에게는 천 대까지 은혜를 베푸느니라'의 의미 (출 20:6)

천 대까지 은혜를 주신다는 것은 **예수** 믿어 **보혈**로 죄 사함 받고 **성령** 받아 **그리스도**의 신부가 된 자가 천국에서 **하나님**의 영원한 부활 생명의 영혼의 구원으로 새 하늘과 새 땅에 들어가는 것을 의미한다.

창조주 **하나님**을 대적하고 있는 우상 숭배의 모습에서 영적 눈을 뜨라. 마음에 우상이 가득한 것을 **성령**으로 조명하면 배후에서 사탄과 마귀가 조종하고 있다는 것을 알 수 있다. 거룩하신 창조주 **하나님**을 섬기는 것이 마땅하나 죄로 영의 눈이 감겨 우상을 섬기는 진노의 자녀에게, 곧 **하나님**의 형상을 따라 지음 받은 이들에게 헛된 우상 숭배에 대하여 단호하게 경고하는 책망이다.

이 세상의 임금, 이 세상의 신, 공중권세 잡은 사탄, 마귀의 조종을 받는 사람들이 수많은 우상, 종교를 만들어 하나님께 드릴 영광을 가로채고 있다. 이들은 예수님의 복음을 듣지도, 만나지도 못하게 하는 악한 방해꾼이다.

* 두 주인을 섬기지 말라

마 6:24 한 사람이 두 주인을 섬기지 못할 것이니 혹 이를 미워하고 저를 사랑하거나 혹 이를 중히 여기고 저를 경히 여김이라 너희가 하나님과 재물을 겸하여 섬기지 못하느니라 (마 6:19-20; 눅 16:13, 20)

요일 5:21 자녀들아 너희 자신을 지켜 우상에게서 멀리하라

요일 5:19 또 아는 것은 우리는 하나님께 속하고 온 세상은 악한 자 안에 처한 것이며

처음부터 하나님의 관점에서 보면 하나님은 창세전에 예수 그리스도 안에서 십자가의 신비를 설계하셨다.
모든 피조물들은 거짓의 아비에게 속아서 하나님을 대적하며 우상을 섬기고 있다. 사탄, 마귀의 손아귀에서 비참한 죽음의 질주를 하고 있는 셈이다.

사 45:16-17 우상을 만드는 자는 부끄러움을 당하며 욕을 받아 다 함께 수욕 중에 들어갈 것이로되 이스라엘은 여호와께

구원을 받아 영원한 구원을 얻으리니 너희가 영원히 부끄러움을 당하거나 욕을 받지 아니하리로다

시 16:4 다른 신에게 예물을 드리는 자는 괴로움이 더할 것이라 나는 그들이 드리는 **피**의 전제를 드리지 아니하며 내 입술로 그 이름도 부르지 아니하리로다

사 43:10-13 나 **여호와**가 말하노라 너희는 나의 증인, 나의 종으로 택함을 입었나니 이는 너희가 나를 알고 믿으며 내가 그인 줄 깨닫게 하려 함이라 나의 전에 지음을 받은 신이 없었느니라 나의 후에도 없으리라 나 곧 나는 **여호와**라 나 외에 구원자가 없느니라 내가 알려주었으며 구원하였으며 보였고 너희 중에 다른 신이 없었나니 그러므로 너희는 나의 증인이요 나는 **하나님**이니라 **여호와**의 말씀이니라 과연 태초로부터 나는 그이니 내 손에서 건질 자가 없도다 내가 행하리니 누가 막으리요

사 43:15 나는 **여호와** 너희의 거룩한 이요 이스라엘의 창조자요 너희의 왕이니라

* 이스라엘 백성의 금송아지 숭배 사건을 보자.

이스라엘 백성은 금송아지를 만들어 섬김으로 거룩한 **하나님**과의 단절로 죽임을 당했다 (출 32:1-6). 금송아지 경배는 오늘날 **그리스도**인들 가운데 있는 불순한 경배의 예표이다 (참조. 행 7:1-53). 오늘날 많은 **그리스도**인들이 믿음 생활을 하면서 맘몬을 섬기며,

십계명
213

세상 지식으로 인본과 윤리 도덕을 미화해 외형적인 금송아지를 만들고 자기의 의로서 신앙인의 모양새를 갖추고 있다. 그러나 실상은 종교의 영에 속하여 속고 속임 당하는 자들이 많다.

> **행 7:51** 목이 곧고 마음과 귀에 할례를 받지 못한 사람들아 너희도 너희 조상과 같이 항상 **성령**을 거스르는도다

> **행 7:53** 너희는 천사가 전한 율법을 받고도 지키지 아니하였도다 하니라

우리가 삶의 예배를 드릴 때와 공식적인 예배 때도 **예수님**의 **피** 공로를 의지하여 나아가야 한다.

예수님의 **피** 공로를 의지하여 예배를 드림은 성막에서 첫 번째 맞는 놋 번제단으로 알게 하셨다. 우리는 **예수님**의 **피**와 **성령**으로만 삼위일체 **하나님**과 온전한 관계를 맺게 된다. **예수**는 **하나님**의 아들이시며 **그리스도**로 그 말씀을 믿는 자에게 주시는 선물이 **성령**이시다.

> **마 10:28** 몸은 죽여도 영혼은 능히 죽이지 못하는 자들을 두려워하지 말고 오직 몸과 영혼을 능히 지옥에 멸하실 수 있는 이를 두려워하라

영적 무지로 우상을 섬기는 부패의 속도는 점점 더 신속해지고 빨라지고 있다. 지금은 최첨단 과학의 시대이자 지식 정보의

시대이며 복음이 편만하게 선포되고 있는 때이다. 영적 무지로 인해 어둠에 있는 자들은 세상 것에 마음을 빼앗겨서 돌과 나무 앞에 절을 하고, 자신과 돈을 섬기고, 이 세상에 집착하며 살고 있다. 이것은 마귀의 미혹으로 사람들이 예수 그리스도를 믿지도, 만나지도 못하도록 배후에서 역사한다.

> 고전 12:2 너희도 알거니와 너희가 이방인으로 있을 때에 말 못 하는 우상에게로 끄는 그대로 끌려갔느니라

> 고전 8:4 그러므로 우상의 제물을 먹는 일에 대하여는 우리가 우상은 세상에 아무것도 아니며 또한 하나님은 한 분밖에 없는 줄 아노라

모든 사람이 영적으로 눈이 멀어 심판으로 다가가고 있으며, 예수 그리스도의 재림의 때가 다가왔음을 실감한다.

전 세계적으로 눈에 보이는 헛된 우상도 많이 세워 놓았다. 그 앞에 절하는 모습에 탄식할 뿐이다. 존귀한 사람들이 하찮은 물질과 지식과 명예와 출세의 한시적이며 유한한 것에 목숨을 걸고 있다. 마귀가 경배를 받고자 사람들의 지식과 종교성을 자극하고 거짓의 아비로부터 배후에서 조종을 받아 종교의 교리를 만들고 마귀를 경배하는 영혼이 많다. 창조주 하나님께 피조물들이 돌려야 할 영광을 마귀가 가로채고 있다.

눈에 보이는 우상뿐 아니라 우리 마음속의 눈에 보이지 않는 우상은 더욱 많음을 인식해야 한다.

주 예수 그리스도보다 더 사랑하는 것, 집착하는 것, 우선순위로 생각하는 것이 바로 우상이다.

> **마 10:35-37** 내가 온 것은 사람이 그 아버지와, 딸이 어머니와, 며느리가 시어머니와 불화하게 하려 함이니 사람의 원수가 자기 집안 식구리라 아버지나 어머니를 나보다 더 사랑하는 자는 내게 합당하지 아니하고 아들이나 딸을 나보다 더 사랑하는 자도 내게 합당하지 아니하며

재림을 준비하며 마지막 때에 전신갑주를 입어야 영적 전쟁에서 이긴다.

오늘날은 믿는 자들이 자아를 죽이지 않고 신앙생활을 한다. 자신을 제일로 섬기며 돈만 있으면 된다고 생각하고 번영과 물질 축복에 목말라하는 것이 우상 숭배인 줄을 모른다. 돈에 절하고, 명예에 절하고, 지식에 절하고, 혈육에 매이고, 육신의 소욕에 매여 있다. **하나님**께 영광을 돌리겠다는 기치 아래 열정과 땀을 흘리는 대가로 자기의 의를 자랑하고 높아지고 있다. 돈이 우선순위가 됐다. 마귀는 눈에 보이는 가시적 성취에 만족하며 자신을 높이는 교만을 사용한다.

모든 사람들이 출근하며 일하는 것을 볼 때 육신은 물질에서 자유로울 수 없음을 깨닫는다. 그러므로 믿음의 사람들은 우선순위가 얼마나 중요한지를 더욱 말씀으로 각인시켜야 한다.

> **마 6:24** 한 사람이 두 주인을 섬기지 못할 것이니 혹 이를 미워

하고 저를 사랑하거나 혹 이를 중히 여기고 저를 경히 여김이라
너희가 하나님과 재물을 겸하여 섬기지 못하느니라

마 4:4 예수께서 대답하여 이르시되 기록되었으되 사람이 떡으로만 살 것이 아니요 하나님의 입으로부터 나오는 모든 말씀으로 살 것이라 하였느니라 하시니

입으로는 복음의 진리를 선포하고 삶에서는 행함의 믿음으로 온전한 하나님의 창조 목적에 따라 살아야 한다.
성령님의 기름 부으심이 결핍된 자들은 땅의 가치관과 윤리 도덕의 잣대로 연약한 자들을 무시하고, 눈에 보이는 세상 잣대를 들이대는 무지한 자들로 우상을 섬기는 것이다.

렘 10:14-15 사람마다 어리석고 무식하도다 은장이마다 자기의 조각한 신상으로 말미암아 수치를 당하나니 이는 그가 부어 만든 우상은 거짓 것이요 그 속에 생기가 없음이라 그것들은 헛것이요 망령되이 만든 것인즉 징벌하실 때에 멸망할 것이나

창조주 하나님은 위대하시고 그 이름의 능력이 크시다.
영원한 생명이신 존귀하신 예수 그리스도의 이름을 높이며, 선포하며 찬양합니다.

엡 2:20 너희는 사도들과 선지자들의 터 위에 세우심을 입은 자라 그리스도 예수께서 친히 모퉁잇돌이 되셨느니라

갈 2:16 사람이 의롭게 되는 것은 율법의 행위로 말미암음이 아니요 오직 예수 그리스도를 믿음으로 말미암는 줄 알므로 우리도 그리스도 예수를 믿나니 이는 우리가 율법의 행위로써가 아니고 그리스도를 믿음으로써 의롭다 함을 얻으려 함이라 율법의 행위로써는 의롭다 함을 얻을 육체가 없느니라

마 10:38-39 또 자기 십자가를 지고 나를 따르지 않는 자도 내게 합당하지 아니하니라 자기 목숨을 얻는 자는 잃을 것이요 나를 위하여 자기 목숨을 잃는 자는 얻으리라

갈 2:20 내가 그리스도와 함께 십자가에 못 박혔나니 그런즉 이제는 내가 사는 것이 아니요 오직 내 안에 그리스도께서 사시는 것이라 이제 내가 육체 가운데 사는 것은 나를 사랑하사 나를 위하여 자기 자신을 버리신 하나님의 아들을 믿는 믿음 안에서 사는 것이라

마 16:24 이에 예수께서 제자들에게 이르시되 누구든지 나를 따라 오려거든 자기를 부인하고 자기 십자가를 지고 나를 따를 것이니라

마 6:33 그런즉 너희는 먼저 그의 나라와 그의 의를 구하라 그리하면 이 모든 것을 너희에게 더하시리라

길이며 진리이며 영원한 생명이신 예수 그리스도로 전부되게 하라 (요 14:6).

십계명 3.
3계명: 너는 네 하나님 여호와의 이름을 망령되게 부르지 말라

오직 거룩하신 하나님만이 영광을 받으실 분이시다. 거룩한 하나님의 이름을 욕되게 한 사탄과 마귀, 죄와 사망에 빠진 온 인류가 언약의 하나님을 외면하고 마귀의 종으로 살고 있음을 드러내다. 하나님의 이름을 더럽히며, 짓밟고 무시하며 살았기에 마귀의 정체를 드러내고 있다 (롬 3:10, 1-3장; 겔 36:20; 유 1:4).

출 20:7 너는 네 하나님 여호와의 이름을 망령되게 부르지 말라 여호와는 그의 이름을 망령되게 부르는 자를 죄 없다 하지 아니하리라 (레 19:12)

겔 36:20 그들이 이른바 그 여러 나라에서 내 거룩한 이름이 그들로 말미암아 더러워졌나니 곧 사람들이 그들을 가리켜 이르기를 이들은 **여호와**의 백성이라도 **여호와**의 땅에서 떠난 자라 하였음이라 (겔 36:20-27; 롬 2:24)

거룩하신 **하나님**의 이름과 관련된 신성모독에 대한 말씀으로 엄중히 경고하고 있다.

하나님 여호와의 이름을 망령되게 부르지 말라는 것은 그것이 유황불 못에 들어가는 길이기 때문이다. **여호와**는 심판과 구원을 언약하셨다. 구원은 **예수님**이 **하나님**의 아들이시며 **그리스도** 이심을 믿는 것이다.

1) 여호와의 이름을 망령되게 하는 자

'망령되게'는 거짓의 아비인 사탄, 마귀의 속성에 사로잡혀 있는 성품들에서 나타나는 행위이다.

① **여호와**의 이름을 망령되게 하는 자는 **하나님**의 뜻을 거스르며 우상 숭배로 불순종하며 음행과 헛된 맹세, 거짓 증거하는 자이다.

② **하나님** 앞에서 교만하여 은혜를 가볍게 여기는 자이며,

③ **하나님**보다 사람을 의지하는 자로, 복음을 상실한 자이다. 이러한 사람은 심판을 받게 되고 결국은 죽임을 당하는 자로 지옥에 들어간다.

* 망령되이란. 거짓의 아비인 사탄, 마귀의 속성에 사로잡혀 있는 성품들로 나타나는 행위이다.

① 하나님의 뜻을 거스르고 의지하지 않는다

대하 16:7 그때에 선견자 하나니가 유다 왕 아사에게 나와서 그에게 이르되 왕이 아람 왕을 의지하고 왕의 하나님 여호와를 의지하지 아니하였으므로 아람 왕의 군대가 왕의 손에서 벗어났나이다 (대하 16:9)

② 하나님의 뜻을 거스르고 의지하지 않는 것은 하나님을 업신여기는 (경홀히 여기는) 데서 비롯된다.

신 32:15 그런데 여수룬이 기름지매 발로 찼도다 네가 살찌고 비대하고 윤택하매 자기를 지으신 하나님을 버리고 자기를 구원하신 반석을 업신여겼도다 [경홀히 여겼도다]

③ 하나님의 뜻을 거스르는 자들은 '엄중한 말씀'을 '짐스러운 말씀'으로 여긴다.

렘 23:36 다시는 여호와의 엄중한 말씀이라 말하지 말라 각 사람의 말이 자기에게 중벌이 되리니 이는 너희가 살아 계신 하나님, 만군의 여호와 우리 하나님의 말씀을 망령되이 사용함이니라 하고

렘 23:39-40 내가 너희를 온전히 잊어버리며 내가 너희와 너희 조상들에게 준 이 성읍을 내 앞에서 내버려 너희는 영원한 치욕과 잊지 못할 영구한 수치를 당하게 하리라 하셨느니라

④ 또한 하나님 앞에서 무례하고 교만하다.

잠 21:24 무례하고 교만한 자를 이름하여 망령된 자라 하나니 이는 넘치는 교만으로 행함이니라

⑤ 하나님의 은혜를 소홀히 여긴다.

히 12:16-17 음행하는 자와 혹 한 그릇 음식을 위하여 장자의 명분을 판 에서와 같이 망령된 자가 없도록 살피라 너희가 아는 바와 같이 그가 그 후에 축복을 이어받으려고 눈물을 흘리며 구하되 버린 바가 되어 회개할 기회를 얻지 못하였느니라

⑥ 또 진리에 대하여 무지하며 어리석다.

시 85:8 내가 하나님 여호와께서 하실 말씀을 들으리니 무릇 그의 백성, 그의 성도들에게 화평을 말씀하실 것이라 그들은 다시 어리석은 데로 돌아가지 말지로다

⑦ 세상의 사상이나 더러운 것은 망령되고 헛된 것이다.

딤후 2:16 망령되고 헛된 말을 버리라 그들은 경건하지 아니함에 점점 나아가나니

⑧ 행실이 목적이 없이 헛되고 무익하다.

벧전 1:18 너희가 알거니와 너희 조상이 물려준 헛된 행실에서 대속함을 받은 것은 은이나 금같이 없어질 것으로 된 것이 아니요

피는 생명이요 죄를 속량하는 능력으로, 피와 성령의 거듭남이 가장 중요하다 (요 3:3, 5).

벧전 1:19 오직 흠 없고 점 없는 어린 양 같은 그리스도의 보배로운 피로 된 것이니라

'망령되게'라고 번역한 히브리어 (쇠붸)는 '함부로', '헛됨'의 뜻이 있다. 또한 그 이름으로 헛된 맹세나 헛된 기도를 드리지 말라는 것이며, 헛되게 또는 그릇되게 사용하지 말라는 것이다. 율법사들은 성경을 읽다가 여호와 하나님의 이름이 나오면 그 부분을 발음하지 않았다. '여호와' 대신 '아도나이' 곧 '나의 주님'으로 바꾸어 읽을 정도였다. 본질적인 의미로는 하나님의 말씀을 내 심령에 모시지 못하고 내던지며 입술로만 부르는 것이다.

구약성경에서 하나님의 이름은 7,000회 이상 사용되었다. 창조주 하나님의 이름은 거룩하기에 가볍게 여기지 말라는 것이다. 하나님의 이름이 중요한 이유는, 하나님의 이름은 자신을 피조

물에게 스스로 계시하시며 하나님의 속성과 성품과 사역을 증거하고 있기 때문이다.

출 3:14-15 하나님이 모세에게 이르시되 나는 스스로 있는 자이니라 또 이르시되 너는 이스라엘 자손에게 이같이 이르기를 스스로 있는 자가 나를 너희에게 보내셨다 하라…이는 나의 영원한 이름이요 대대로 기억할 나의 칭호니라

롬 2:23-24 율법을 자랑하는 네가 율법을 범함으로 하나님을 욕되게 하느냐 기록된 바와 같이 하나님의 이름이 너희 때문에 이방인 중에서 모독을 받는도다

하나님의 이름을 망령되게 부르는 일들이 수없이 많다. 존귀한 이름을 가지고 연약한 자를 무시하고 저주하거나 자기의 생각과 지식으로만 성경을 풀어내는 것도 망령되게 부르는 것이다. 여기에는 인본적으로 거짓된 예언을 하거나 자기의 생각을 첨가해서 자기의 경험과 주관대로 하게 되는 함정이 있다. 하나님의 말씀을 청종하지 않는 것과 행함이 없는 믿음은 마귀의 위험한 함정에 들어가는 것이다.

하나님의 이름으로 맹세하는 것에도 절제가 필요하다.

엡 4:18 그들의 총명이 어두워지고 그들 가운데 있는 무지함과 그들의 마음이 굳어짐으로 말미암아 하나님의 생명에서 떠나 있도다

약 1:22-25 너희는 말씀을 행하는 자가 되고 듣기만 하여 자신을 속이는 자가 되지 말라 누구든지 말씀을 듣고 행하지 아니하면 그는 거울로 자기의 생긴 얼굴을 보는 사람과 같아서 제 자신을 보고 가서 그 모습이 어떠했는지를 곧 잊어버리거니와 자유롭게 하는 온전한 율법을 들여다보고 있는 자는 듣고 잊어버리는 자가 아니요 실천하는 자니 이 사람은 그 행하는 일에 복을 받으리라

고전 2:10 오직 하나님이 성령으로 이것을 우리에게 보이셨으니 성령은 모든 것 곧 하나님의 깊은 것까지도 통달하시느니라

인간 창조의 목적은 예수 그리스도 안에서 성령의 인도하심으로 삶을 살게 하며 영원한 생명을 주신다.

또 창조의 목적은 하나님의 나라와 영광이며, 창조된 세계는 하나님의 뜻을 수행하여 하나님을 영화롭게 해야 한다.

롬 11:36 이는 만물이 주에게서 나오고 주로 말미암고 주에게로 돌아감이라 그에게 영광이 세세에 있을지어다 아멘

죄와 사망, 마귀의 종이 되면 다음의 현상들이 나타난다.
① 성령의 임재가 없으니 방황하고 두려워 자기의 성을 쌓는다.
② 자기의 육체의 일을 통해 이 세상에서 방랑자로 산다.
③ 자기의 기쁨과 젊음과 시간을 허비하며 이 세상을 즐긴다.
④ 많은 사람을 이기는 수단으로 자기만의 방어법과 무기를

만들지만 만족 없는 공허뿐이다.

하나님은 말씀으로 심판하신다.

요 12:48 나를 저버리고 내 말을 받지 아니하는 자를 심판할 이가 있으니 곧 내가 한 그 말이 마지막 날에 그를 심판하리라

삼상 2:3 심히 교만한 말을 다시 하지 말 것이며 오만한 말을 너희의 입에서 내지 말지어다 여호와는 지식의 하나님이시라 행동을 달아 보시느니라

약 4:12 입법자와 재판관은 오직 한 분이시니 능히 구원하기도 하시며 멸하기도 하시느니라 너는 누구이기에 이웃을 판단하느냐

십계명은 하나님의 양심이며, 인격의 말씀 앞에서 온 인류가 거짓의 아비 마귀에게 속아서 죄에 빠진 사형수이며 마귀의 손아래 있음과 지옥으로 가는 것을 여실히 보여주고 있다.
하나님 없이 자기중심적으로 우상을 섬기며 사는 자는 말씀의 심판이 엄중한 것을 알아야 한다.

하나님은 바울을 통해서 율법과 복음, 사망과 생명을 드러내셨다.

롬 7:12 이로 보건대 율법은 거룩하고 계명도 거룩하고 의로우

며 선하도다

롬 7:1-3 형제들아 내가 법 아는 자들에게 말하노니 너희는 그 법이 사람이 살 동안만 그를 주관하는 줄 알지 못하느냐 남편 있는 여인이 그 남편 생전에는 법으로 그에게 매인 바 되나 만일 그 남편이 죽으면 남편의 법에서 벗어나느니라 그러므로 만일 그 남편 생전에 다른 남자에게 가면 음녀라 그러나 만일 남편이 죽으면 그 법에서 자유롭게 되나니 다른 남자에게 갈지라도 음녀가 되지 아니하느니라

율법을 혼인 관계로 비유하여 죄로 인한 사망의 남편과 복음으로 인한 생명인 그리스도의 남편이 있음을 선포한다.

율법의 남편이 죽는 것은 내가 죄인임을 성령으로 고백하며 회개하여 피로써 죄 사함 받는 것이다. 그럴 때 복음의 남편인 그리스도의 남편을 만나게 된다 (롬 7:1-3). 그리고 우리는 성령이 거하실 심령의 성전이 되고 새로운 피조물로서 그리스도의 신부가 되는 것이다.

하나님은 만물을 통해서 생명의 근원이신 예수 그리스도를 모두 드러내셨다. 어리석은 피조물들은 죄 아래서 호흡과 생명과 만물 곧 창조주 하나님이 주신 것을 누리면서 하나님을 대적한다.

행 17:24-25 우주와 그 가운데 있는 만물을 지으신 하나님께서는 천지의 주재시니 손으로 지은 전에 계시지 아니하시고 또 무엇이 부족한 것처럼 사람의 손으로 섬김을 받으시는 것이 아니니

이는 만민에게 생명과 호흡과 만물을 친히 주시는 이심이라

일반 은총으로 해, 달, 별, 햇빛과 바람과 비와 공기, 땅과 하늘, 바다, 모든 식물을 주시매 생명과 호흡과 만물을 주심을 감사한다 (마 5:45; 행 17:24-25).

롬 10:17 그러므로 믿음은 들음에서 나며 들음은 **그리스도**의 말씀으로 말미암았느니라

특별은총을 주심으로 삼위 **하나님**의 계획과 성취와 적용으로 회개하는 나를 **피**로써 죄에서 구원하시고, 사망과 저주의 지옥에서 건져주시며, 유황 불못에서 구원하신 것에 날마다 감사한다.
우리가 상속권자로서 심령 성전이 되고 **성령**으로 열매 맺으며 이기는 자가 될 때 공중 혼인 때 들림 받는다. 죽음의 관문을 통해 잠자는 자들은 첫째 부활에 참여하는 자로 복이 있다.

롬 10:9-10 네가 만일 네 입으로 **예수**를 **주**로 시인하며 또 **하나님**께서 그를 죽은 자 가운데서 살리신 것을 네 마음에 믿으면 구원을 받으리라 사람이 마음으로 믿어 의에 이르고 입으로 시인하여 구원에 이르느니라

마 12:33 나무도 좋고 열매도 좋다 하든지 나무도 좋지 않고 열매도 좋지 않다 하든지 하라 그 열매로 나무를 아느니라

십계명 4.
4계명: 안식일을 기억하여 거룩하게 지키라

영원한 생명이신 예수 그리스도 안에 있는 것이 안식이다.

십계명을 통해 보는 것은 사탄, 마귀는 안식을 깬 자이다 (불법자를 드러내고 있다). 예수 그리스도를 통하여 영원한 안식을 누리는 복 있는 믿음의 사람 되길 원한다.

창 2:1-3 천지와 만물이 다 이루어지니라 하나님이 그가 하시던 일을 일곱째 날에 마치시니 그가 하시던 모든 일을 그치고 일곱째 날에 안식하시니라 하나님이 그 일곱째 날을 복되게 하사 거룩하게 하셨으니 이는 하나님이 그 창조하시며 만드시던 모든 일을 마치시고 그날에 안식하셨음이니라 (레 19:30; 신 5:14-15; 히 4:1-11)

출 20:8 안식일을 기억하여 거룩하게 지키라 (마 12:8)

눅 6:5 또 이르시되 인자는 안식일의 주인이니라 하시더라 (참조. 눅 6:1-11)

하나님의 창세전의 계획은 마귀를 멸하고, 마귀의 일을 멸하고 우리를 구원하고 하나님 나라의 완성과 보좌에 함께 앉는 영광을 주기 위해 영이신 하나님이 말씀이 육신 되어 오사 십자가에서 죽고 부활하심으로 성령을 보내주사 성령으로 죄인임을 회개하게 하며 예수 그리스도를 믿게 하여 성령이 보증하므로 영원한 안식을 주시기 위함이다 (엡 1:4, 14; 히 2:14-15; 요일 3:8).

예수 그리스도와 함께 죽고 함께 부활하여 연합된 자들이 영원한 안식을 누린다.

요 3:5 예수께서 대답하시되 진실로 진실로 네게 이르노니 사람이 물과 성령으로 나지 아니하면 하나님의 나라에 들어갈 수 없느니라

갈 3:27 누구든지 그리스도와 합하기 위하여 세례를 받은 자는 그리스도로 옷 입었느니라

엡 1:13-14 그 안에서 너희도 진리의 말씀 곧 너희의 구원의 복음을 듣고 그 안에서 또한 믿어 약속의 성령으로 인 치심을 받

앉으니 이는 우리 기업의 보증이 되사 그 얻으신 것을 속량하시고 그의 영광을 찬송하게 하려 하심이라 (참조. 엡 1:3-14, 17-23)

엡 3:6 이는 이방인들이 복음으로 말미암아 **그리스도 예수** 안에서 함께 상속자가 되고 함께 지체가 되고 함께 약속에 참여하는 자가 됨이라

거룩한 안식을 깨뜨린 자가 사탄, 마귀이다. 거짓의 아비요 살인자이다. 사탄과 마귀 곧 안식을 깨뜨린 자는 아담과 하와에게 선악과를 먹게 하고 타락하게 했지만, 창조주 **하나님**께서는 **하나님**의 아들이신 **예수 그리스도**를 통하여 영원한 안식을 주신다.

7대 절기는 **하나님**의 시간표를 담은 비밀로 **하나님**은 그대로 일을 행하신다.
① 봄 절기: 유월절 (레 23:4-5), 무교절 (레 23:6-8), 초실절 (레 23:9-14), 오순절 (칠칠절, 맥추절, 레 23:15-22)
② 가을 절기: 나팔절 (레 23:23-25), 속죄절 (속죄일, 레 23:26-32), 초막절 (장막절, 레 23:33-44)

하나님의 계획은 율법을 완성하여 복음을 믿는 자가 **그리스도**의 신부가 되게 하는 것이다. **예수 그리스도**의 나팔절 곧 공중 혼인잔치, 재림 때 살아 있는 자는 들림 받아야 하고, 죽은 자들은 첫째 부활에 참여하는 자가 반드시 되어야 한다.

십계명

살전 4:16-17 주께서 호령과 천사장의 소리와 하나님의 나팔 소리로 친히 하늘로부터 강림하시리니 그리스도 안에서 죽은 자들이 먼저 일어나고 그 후에 우리 살아남은 자들도 그들과 함께 구름 속으로 끌어올려 공중에서 주를 영접하게 하시리니 그리하여 우리가 항상 주와 함께 있으리라

계 20:4 (천년동안 왕노릇) 천년왕국

계 21:1-2 또 내가 새 하늘과 새 땅을 보니 처음 하늘과 처음 땅이 없어졌고 바다도 다시 있지 않더라 또 내가 보매 거룩한 성 새 예루살렘이 하나님께로부터 하늘에서 내려오니 그 준비한 것이 신부가 남편을 위하여 단장한 것 같더라

마 12:8 인자는 안식일의 주인이니라 하시니라

안식 곧 지금의 주일예배의 근거는 예수님께서 부활하신 날이다. 이날은 성령이 강림하신 날이기도 하다. 안식일의 주인 되신 예수 그리스도의 이름으로 피 공로를 의지하여 살아 계신 하나님 아버지께 감사와 찬송과 예배를 드린다. 택정함을 받은 믿음의 사람은 피와 성령을 통한 그리스도의 신부로 영원한 안식을 누리고 영원한 안식에 들어가는 것이 신비이다.

막 2:27 또 이르시되 안식일이 사람을 위하여 있는 것이요 사람이 안식일을 위하여 있는 것이 아니니 이러므로 인자는 안식일

에도 주인이니라

　예수님께서는 안식일을 둘러싼 율법주의를 철저히 부수고 종교 생활을 책망하신다. **예수님**은 안식일의 주인으로서 육신의 치료를 통해 영원한 안식까지 보여주신다. 안식일의 주인 되신 **예수 그리스도**가 나의 구세주, 나의 구원주가 되셔서 믿음의 방패로는 창조의 믿음, 임마누엘의 믿음, 십자가 구원의 믿음, 부활의 믿음, 재림의 믿음을 갖게 되고, **성령**께서 내 안에서 임마누엘로 함께할 때, 영원한 안식에 들어갈 확실한 보증이 된다.

　우리는 **예수 그리스도**를 통하여 영원한 생명을 얻은 자로 영원한 안식 (샤바트)의 복을 받았다. '샤바트'는 안식으로 함께 사는 것을 의미한다. **예수님**의 **피**로 원죄와 자범죄를 사함 받고 **성령**으로 거듭난 자들을 **성령**과 진리로 예배의 삶과 생활 가운데서 순교의 삶을 살도록 이끄신다.

　늘 **피**의 능력을 경험하며 **성령**으로 안식을 소유한 자는 **예수 그리스도**만 자랑한다.

> **고전 1:30** 너희는 **하나님**으로부터 나서 **그리스도 예수** 안에 있고 **예수**는 **하나님**으로부터 나와서 우리에게 지혜와 의로움과 거룩함과 구원함이 되셨으니

　성경에서 날 때부터 맹인이었던 사람은 온 인류를 말하며, 죄로 영적 눈이 감겼음을 의미한다. 본인과 부모의 죄 때문이 아니

라 **하나님**의 구속사의 일을 나타내고자 하심이다. 날 때부터 맹인 된 우리 모든 사람은 율법 아래에 있는 죄인이다. 우리가 죄인이었을 때 영적 시력도 없고 율법 아래에 있으며 죄 된 본성을 지니고 있었음을 지적한다 (요 9:1-31).

요 9:14 예수께서 진흙을 이겨 눈을 뜨게 하신 날은 안식일이라

온 인류가 죄 때문에 영적으로 눈멀고 흑암의 사망과 죽음에 처해 있다. 실로암의 뜻과 같이, **예수님**은 아버지 **하나님**께로부터 죽을 권세와 살 권세를 가지고 보내심을 받으신 분이다 (요 10:18). 그러므로 **예수님**의 말씀이 영이요 생명이다 (요 6:63).

맹인이 영이요 생명이신 그 말씀을 듣고 행함으로 실로암에 가서 씻었더니 눈이 열리게 되었다. 이 사건은 **예수 그리스도**의 영원한 생명 안에서 영원한 안식을 얻었음을 암시하고 있다.

골 1:13-14 그가 우리를 흑암의 권세에서 건져내사 그의 사랑의 아들의 나라로 옮기셨으니 그 아들 안에서 우리가 속량 곧 죄 사함을 얻었도다

골 2:2-3 이는 그들로 마음에 위안을 받고 사랑 안에서 연합하여 확실한 이해의 모든 풍성함과 **하나님**의 비밀인 **그리스도**를 깨닫게 하려 함이니 그 안에는 지혜와 지식의 모든 보화가 감추어져 있느니라

엡 3:4-6 그것을 읽으면 내가 그리스도의 비밀을 깨달은 것을 너희가 알 수 있으리라 이제 그의 거룩한 사도들과 선지자들에게 성령으로 나타내신 것같이 다른 세대에서는 사람의 아들들에게 알리지 아니하셨으니 이는 이방인들이 복음으로 말미암아 그리스도 예수 안에서 함께 상속자가 되고 함께 지체가 되고 함께 약속에 참여하는 자가 됨이라

* 하나님의 구원의 관심은 예수님의 피에 있다.

범죄 한 아담과 하와에게 지어 입혀 주신 가죽옷 (창 3:21), 아벨이 양의 첫 새끼와 기름으로 드린 제사 (창 4:4), 아브라함이 이삭 대신 드리게 된 여호와 이레의 수풀에 걸린 숫양의 번제물 (창 22:13), 애굽에서 양의 피를 문설주에 바르고 살아나 출애굽 한 사건에서 유월절 어린 양 (출 12:7, 13)이 예수님을 예표한다. 이 모든 것은 예수님의 피로 언약의 피이다.

성경 66권은 이 피에 대하여 말씀하며, 예수 그리스도의 죽음과 부활의 역사이다. '나의 피', '언약의 피'라 하심은 하나님의 마음이며 사랑이다.

* 율법의 의식들은 복음의 그림자이다.

골 2:16-17 그러므로 먹고 마시는 것과 절기나 초하루나 안식일을 이유로 누구든지 너희를 비판하지 못하게 하라 이것들은 장래 일의 그림자이나 몸은 그리스도의 것이니라

하나님의 안식을 완전히 깨버린 자는 이 세상의 신으로 미혹하는 사탄, 마귀이다. 그러나 하나님께서는 참된 영원한 안식을 준비해 주셨다.

> 고후 4:4 그중에 이 세상의 신이 믿지 아니하는 자들의 마음을 혼미하게 하여 그리스도의 영광의 복음의 광채가 비치지 못하게 함이니 그리스도는 하나님의 형상이니라 (고후 4:6)

지금은 예수님이 부활하신 날 예배하며, 성령과 진리로 삶의 예배를 드리는 심령의 성전이 더 중요하다.

이스라엘은 출애굽 할 때 무교병을 먹었다 (출 12:1-20). 안식일에 부활의 믿음의 사람이 먹을 것은 유월절 음식이다.

> 출 12:7-8 그 피를 양을 먹을 집 좌우 문설주와 인방에 바르고
> 그 밤에 그 고기를 불에 구워 무교병과 쓴 나물과 아울러 먹되

지금 시대에는 무교병을 찾는 자가 적으며, 먹기 쉽고 부드러운 유교병을 선호하며 찾는 자들이 많다. 성령으로 거듭난 심령의 교회가 중요하며, 그런 교회들은 무교병인 예수 그리스도의 살과 피를 먹는다.

벽돌로 지은 예배드리는 장소는 교회당이다. 예수님이 성전이며 (요 2:21) 성령 받은 자는 성령이 거하시는 심령의 성전이다 (고전 3:16).

요일 2:25 그가 우리에게 약속하신 것은 이것이니 곧 영원한 생명이니라 (참조. 요 3:3, 5)

* 교회의 본질은 예수님의 보배로운 피에 있다.

하나님의 관심은 보배로운 피로 죄를 씻고 늘 피 공로에 의하여 삶의 예배를 드리는 자에게 있다. 하나님의 관심은 말씀을 믿고 그 말씀대로 한 걸음씩 예수 그리스도를 따라 예수님의 성품으로 성령의 열매를 맺으며 이기는 자로 살아가는 자에게 있다.

고전 2:7 오직 은밀한 가운데 있는 하나님의 지혜를 말하는 것으로서 곧 감추어졌던 것인데 하나님이 우리의 영광을 위하여 만세 전에 미리 정하신 것이라

* 그리스도의 죽음과 부활이 내 것이 되는 것은!

갈 2:20 내가 그리스도와 함께 십자가에 못 박혔나니 그런즉 이제는 내가 사는 것이 아니요 오직 내 안에 그리스도께서 사시는 것이라 이제 내가 육체 가운데 사는 것은 나를 사랑하사 나를 위하여 자기 자신을 버리신 하나님의 아들을 믿는 믿음 안에서 사는 것이라

성령으로 거듭나서 심령 성전이 되어야 그리스도의 신부가 되는 영광이 있음을 선포하라. 율법 아래에서 묵은 곡식을 먹으면 영적 눈이 어두워진다. 하나님의 뜻과 경륜과 섭리를 알지 못하

는 영적 무지와 영적 갈급함의 시대에 살고 있음을 기억하자.

마 4:4 예수께서 대답하여 이르시되 기록되었으되 사람이 떡으로만 살 것이 아니요 하나님의 입으로부터 나오는 모든 말씀으로 살 것이라 하였느니라 하시니

유교병 곧 누룩을 좋아하며 이 땅에서의 삶과 풍성한 물질의 번영과 축복만을 좇는 이들이 늘어간다. 육신의 안일한 생각으로 편리주의를 찾아 자기의 구미에 맞는, 곧 육신의 귀에 듣기 좋은 유교병을 찾음은, 사망의 어둠에서 질주하는 인생들이 많다는 것, 넓고 큰 길을 택한 자들이 많다는 것을 보여준다.

출 12:20 너희는 아무 유교물이든지 먹지 말고 너희 모든 유하는 곳에서 무교병을 먹을지니라

이스라엘 자손이 유월절의 연장으로 무교절을 7일 동안 지켰다는 것은 7천 년을 의미한다. 우리는 회심한 날부터 휴거될 때까지 일평생 무교병으로, 예수 그리스도의 생명의 말씀으로 그리스도인의 삶, 생명의 풍성한 공급을 누리는 절기로 살아야 한다.

예수 그리스도는 성실하고 진실하며 절대적으로 순수하며 혼합됨이 없고 죄 없는 생명 공급원이신 우리의 무교병이시다.

고전 5:7-8 너희는 누룩 없는 자인데 새 덩어리가 되기 위하여

묵은 누룩을 내버리라 우리의 유월절 양 곧 그리스도께서 희생되셨느니라 이러므로 우리가 명절을 지키되 묵은 누룩으로도 말고 악하고 악의에 찬 누룩으로도 말고 누룩이 없이 오직 순전함과 진실함의 떡으로 하자

요 6:53-55 예수께서 이르시되 내가 진실로 진실로 너희에게 이르노니 인자의 살을 먹지 아니하고 인자의 피를 마시지 아니하면 너희 속에 생명이 없느니라 내 살을 먹고 내 피를 마시는 자는 영생을 가졌고 마지막 날에 내가 그를 다시 살리리니 내 살은 참된 양식이요 내 피는 참된 음료로다

* 누룩이 없는 순전한 떡이란 무엇인가?

출애굽기 12장에서 예표된 대로 그리스도는 유월절 어린 양이실 뿐 아니라 유월절 전체이시다. 하나님과 우리가 화목할 수 있도록 십자가에서 희생의 속죄 제물이 되셨다. 이 절기는 완성의 기간인 7일 동안 계속되며, 이처럼 우리는 우리가 회개한 날부터 휴거되는 그날까지 그리스도인으로서 일생을 살아야 한다. 누룩 없이 오직 주 예수 그리스도로 옷 입고 피와 살을 먹어야 할 것이다.

옛 성품의 죄, 곧 누룩이 아닌 새로운 피조물이 된 우리는 순전하고 진실하며 풍성한 영생의 생명을 공급하시는 그리스도를 누리게 되며, 곧 연합한 자는 이런 누림을 갖는다.

* 율법 시대에서 복음, 교회 시대로 전환되었음을 알아야

한다.

하나님의 시간표 7대 절기로 율법에서 복음으로 완성하는 것이다. 이것은 제사장의 시대에서 전환됨을 의미하며, 왕으로 세워진 다윗은 **예수 그리스도**를 예표하는 인물이다 (삼상 21:6).

* 제사장만이 먹는 진설병을 먹는 것을 보아, 다윗은 교회 복음시대를 보여준다.

눅 6:1-5 안식일에 **예수**께서 밀밭 사이로 지나가실새 제자들이 이삭을 잘라 손으로 비비어 먹으니 어떤 바리새인들이 말하되 어찌하여 안식일에 하지 못할 일을 하느냐 **예수**께서 대답하여 이르시되 다윗이 자기 및 자기와 함께한 자들이 시장할 때에 한 일을 읽지 못하였느냐 그가 **하나님**의 전에 들어가서 다만 제사장 외에는 먹어서는 안 되는 진설병을 먹고 함께한 자들에게도 주지 아니하였느냐 또 이르시되 인자는 안식일의 주인이니라 하시더라

바울은 회당에서 안식일에 **그리스도**에 관한 성경을 강론하였다.

행 17:2-3 바울이 자기의 관례대로 그들에게로 들어가서 세 안식일에 성경을 가지고 강론하며 뜻을 풀어 **그리스도**가 해를 받고 죽은 자 가운데서 다시 살아나야 할 것을 증언하고 이르되 내가 너희에게 전하는 이 **예수**가 곧 **그리스도**라 하니

바울은 **성령님**의 인도로 만유를 포함한 **그리스도**의 계시를 전

달하는 사역을 수행할 때 죽으시고 부활하신 예수가 하나님의 아들이시며 그리스도이시라고 선포했다.

*** 창세부터 감추인 하나님의 나라의 비밀을 드러내시다.**

마 13:34-35 예수께서 이 모든 것을 무리에게 비유로 말씀하시고 비유가 아니면 아무것도 말씀하지 아니하셨으니 이는 선지자를 통하여 말씀하신바 내가 입을 열어 비유로 말하고 창세부터 감추인 것들을 드러내리라 함을 이루려 하심이라

막 4:11-12 이르시되 하나님 나라의 비밀을 너희에게는 주었으나 외인에게는 모든 것을 비유로 하나니 이는 그들로 보기는 보아도 알지 못하며 듣기는 들어도 깨닫지 못하게 하여 돌이켜 죄 사함을 얻지 못하게 하려 함이라 하시고

우리도 바울과 같이 말씀에 근거하여, 십자가에서 피 흘려 죽으시고 3일 만에 부활하사 40일 동안 제자들에게 보이시고 또 500여 명에게 보이시고 승천하셨으며, 이후 성령을 보내주시고, 약속대로 다시 오시되 (나팔절) 공중 재림 하실 (살전 4:16-17) 만유의 주, 그리스도를 선포해야 한다.

사도행전 7장에서 순교한 스데반의 설교에 사울 (바울)이 그의 죽음을 마땅히 여겼는데, 바울을 세우시는 하나님의 방법의 역기능적인 역사로 그 자리에 핍박하는 자로 있게 하셨고, 이후에 다메섹에서 빛 가운데서 만나주심으로 이방인 선교의 문을 여는

데 사용하셨다. 죄인의 괴수로서 이방인들에게 복음의 꽃, 예수님의 죽음과 부활을 전하는 사도로 쓰셨다.

바울의 서신들에는 예수 그리스도의 지식과 지혜가 충만한 성령이 열어주시는 복음의 신비가 관통해 있다. 이방인을 향한 그릇으로 핍박과 모진 죽음의 터널을 지나면서까지 마침내 순교의 열매를 맺었다.

하나님의 정확한 복음의 계시를 말씀으로 기록함으로, 수많은 세월이 흘러도 복음의 큰 외침으로 대구속사의 반전이 일어나게 하는 성령이 하시는 일을 보라. 그리스도를 아는 지식으로 탁월했던 바울은 영원한 안식을 누리는 자의 모범이었다.

> 빌 3:8 또한 모든 것을 해로 여김은 내 주 그리스도 예수를 아는 지식이 가장 고상하기 때문이라 내가 그를 위하여 모든 것을 잃어버리고 배설물로 여김은 그리스도를 얻고

> 골 2:16-17 그러므로 먹고 마시는 것과 절기나 초하루나 안식일을 이유로 누구든지 너희를 비판하지 못하게 하라 이것들은 장래 일의 그림자이나 몸은 그리스도의 것이니라

사도행전 9장 3-9절에서 바울이 영적인 눈이 열려 하나님의 비밀들과 하나님의 경륜에 관한 것, 하나님께 속한 것들을 보게 된 것은 매우 중요하다.

> 요 17:3 영생은 곧 유일하신 참 하나님과 그가 보내신 자 예수

그리스도를 아는 것이니이다

하나님에 대한 충만한 지식과 지혜, 부활의 생명이 우리로 하여금 그리스도의 장성한 분량까지 자라게 하신다.

하나님의 뜻은 우리가 만유를 포함한 그리스도를 알고 연합하며 체험하고 사는 것이다. 우리의 영원한 생명이신 하나님의 아들 주 예수 그리스도로 사는 것이다. 그러기 위해서는 성령님의 기름 부으심에 의한 영적인 지혜와 이해와 끊임없는 훈련이 필요하다.

새 하늘과 새 땅, 거룩한 새 예루살렘에서 영원한 안식 (샤바트)을 누릴 자들이여, 기대하라!

사 43:7 내 이름으로 불려지는 모든 자 곧 내가 내 영광을 위하여 창조한 자를 오게 하라 그를 내가 지었고 그를 내가 만들었느니라

* 광야 교회와 가나안 교회의 차이

마 5:17 율법을 완성하신 예수님

히 3:8-11 광야에서 시험하던 날에 거역하던 것같이 너희 마음을 완고하게 하지 말라 거기서 너희 열조가 나를 시험하여 증험하고 사십 년 동안 나의 행사를 보았느니라 그러므로 내가 이 세대에게 노하여 이르기를 그들이 항상 마음이 미혹되어 내 길

을 알지 못하는도다 하였고 내가 노하여 맹세한 바와 같이 그들은 내 안식에 들어오지 못하리라 하였다 하였느니라

출애굽을 한 이스라엘은 율법 아래에 있는 광야 교회이다. 복음으로 세워지는 것이 가나안 교회로 그리스도의 피와 성령으로 하나님의 자녀가 되는 것이다.

히 4:8-10 만일 여호수아가 그들에게 안식을 주었더라면 그 후에 다른 날을 말씀하지 아니하셨으리라 그런즉 안식할 때가 하나님의 백성에게 남아 있도다 이미 그의 안식에 들어간 자는 하나님이 자기의 일을 쉬심과 같이 그도 자기의 일을 쉬느니라

* 그리스도의 안식 3단계

그리스도는 세 단계로 성도들에게 안식이 되신다. 안식에 들어가는 자로 예수님의 십자가에서 죽기까지의 낮아지심에 주목하라. 이 안식은 우리의 안식이신 그리스도로서 좋은 땅인 가나안으로 예표되었다 (신 12:9; 히 4:8).

고전 2:2 내가 너희 중에서 예수 그리스도와 그가 십자가에 못 박히신 것 외에는 아무것도 알지 아니하기로 작정하였음이라

① 교회 시대에 하늘에 계신 그리스도는 그분의 일을 쉬시고 하늘에서 하나님 우편에 앉아 계시며 우리의 영 안에서 우리에게 안식이 되신다 (마 11:28-29).

❷ 천년 왕국 시대에 사탄이 이 땅에서 무저갱으로 던져 넣어 잠그고 제해진 후 (계 20:1-3) 그리스도는 왕국과 더불어 이기는 성도들에게 안식이 되실 것이다. 이기는 성도들은 왕노릇 하게 된다 (계 20:4-6).

❸ 새 하늘과 새 땅에서 마지막 사망을 포함한 모든 원수들이 그분께 복종한 후 (고전 15:24-27), 그리스도는 만유의 주로서 삼위 하나님께서 구속하신 모든 자들에게 충만한 안식이 되신다.

> 엡 6:12 우리의 씨름은 혈과 육을 상대하는 것이 아니요 통치자들과 권세들과 이 어둠의 세상 주관자들과 하늘에 있는 악의 영들을 상대함이라

여리고성이란 자아가 깨어지고 무너지고 죽고 예수 그리스도로 사는 자이다. 새로운 피조물이 되어 이 땅에서 예수 그리스도의 이름 때문에 포기한 것은 하늘에서 상으로 갚아주신다. 영원한 안식에 들어가는 존귀하고 복 있는 자들이다.

물과 성령으로 거듭나게 하신 주 예수 그리스도가 나의 구주 되심에 감사드린다. 존귀하신 예수 그리스도의 이름을 높이며, 천국의 상속권을 주시고, 영원한 생명이신 예수 그리스도의 부활의 생명을 주시니 오직 감사뿐이며 그분은 나의 전부가 되신다.

> 롬 14:17 하나님의 나라는 먹는 것과 마시는 것이 아니요 오직 성령 안에 있는 의와 평강과 희락이라

십계명 5.
5계명: 네 부모를 공경하라

요 17:3 영생은 곧 유일하신 참 하나님과 그가 보내신 자 예수 그리스도를 아는 것이니이다

영원한 생명을 주시는 분은 아버지 하나님이시다.

출 20:12 네 부모를 공경하라 그리하면 네 하나님 여호와가 네게 준 땅에서 네 생명이 길리라

요 17:9-10 내가 그들을 위하여 비옵나니 내가 비옵는 것은 세상을 위함이 아니요 내게 주신 자들을 위함이니이다 그들은 아버지의 것이로소이다 내 것은 다 아버지의 것이요 아버지의

것은 내 것이온데 내가 그들로 말미암아 영광을 받았나이다

성경 전체는 예수 그리스도를 통해 영원한 생명, 죄에서 구원해 주심을 보여준다 (요 5:39). 거룩하고 유일하신 삼위일체 하나님을 우리의, 나의 하나님으로 섬긴다.

요 10:30 나와 아버지는 하나이니라 하신대

* 우리에게는 아버지 하나님이 한 분 계시다.

엡 4:6 … 하나님도 한 분이시니 곧 만유의 아버지시라

만유 위에 계시고, 만유를 통일하시고, 만유 가운데 계신다. 5계명의 부모를 공경하라는 것은 하늘에 계신 아버지 하나님을 공경하라는 것으로 알면 더욱 정확하다. 이 부분은 성경을 통으로, 성령으로 볼 때 더욱 선명하다.

고전 8:6 그러나 우리에게는 한 하나님 곧 아버지가 계시니 만물이 그에게서 났고 우리도 그를 위하여 있고 또한 한 주 예수 그리스도께서 계시니 만물이 그로 말미암고 우리도 그로 말미암아 있느니라

엡 4:4-6 몸이 하나요 성령도 한 분이시니 이와 같이 너희가 부르심의 한 소망 안에서 부르심을 받았느니라 주도 한 분이시

요 믿음도 하나요 세례도 하나요 하나님도 한 분이시니 곧 만유의 아버지시라 만유 위에 계시고 만유를 통일하시고 만유 가운데 계시도다

요 8:47 하나님께 속한 자는 하나님의 말씀을 듣나니 너희가 듣지 아니함은 하나님께 속하지 아니하였음이로다

요 8:54 예수께서 대답하시되 내가 내게 영광을 돌리면 내 영광이 아무것도 아니거니와 내게 영광을 돌리시는 이는 내 아버지시니 곧 너희가 너희 하나님이라 칭하는 그이시라

요 8:41-42 너희는 너희 아비가 행한 일들을 하는도다 대답하되 우리가 음란한 데서 나지 아니하였고 아버지는 한 분뿐이시니 곧 하나님이시로다 예수께서 이르시되 하나님이 너희 아버지였으면 너희가 나를 사랑하였으리니 이는 내가 하나님께로부터 나와서 왔음이라 나는 스스로 온 것이 아니요 아버지께서 나를 보내신 것이니라 (요 14:10-11)

* **타락한 인류의 모습들이다.** (창 3:6; 롬 3:10, 23)

롬 1:25 이는 그들이 하나님의 진리를 거짓 것으로 바꾸어 피조물을 조물주보다 더 경배하고 섬김이라 주는 곧 영원히 찬송할 이시로다 아멘

롬 1:28-30 또한 그들이 마음에 하나님 두기를 싫어하매 하나님께서 그들을 그 상실한 마음대로 내버려 두사 합당하지 못한 일을 하게 하셨으니 곧 모든 불의, 추악, 탐욕, 악의가 가득한 자요 시기, 살인, 분쟁, 사기, 악독이 가득한 자요 수군수군하는 자요 비방하는 자요 하나님께서 미워하시는 자요 능욕하는 자요 교만한 자요 자랑하는 자요 악을 도모하는 자요 부모를 거역하는 자요

* 가장 큰 계명은 하나님을 사랑하고 곧 예수님을 사랑하는 것이다.

막 12:30-31 네 마음을 다하고 목숨을 다하고 뜻을 다하고 힘을 다하여 주 너의 하나님을 사랑하라 하신 것이요 둘째는 이것이니 네 이웃을 네 자신과 같이 사랑하라 하신 것이라 이보다 더 큰 계명이 없느니라

마 22:37-40 예수께서 이르시되 네 마음을 다하고 목숨을 다하고 뜻을 다하여 주 너의 하나님을 사랑하라 하셨으니 이것이 크고 첫째 되는 계명이요 둘째도 그와 같으니 네 이웃을 네 자신같이 사랑하라 하셨으니 이 두 계명이 온 율법과 선지자의 강령이니라

마 19:19 네 부모를 공경하라, 네 이웃을 네 자신과 같이 사랑하라 하신 것이니라

*** 예수님은 여자의 후손, 율법 아래, 이웃으로 오셨다** (창 3:15; 롬 3:20; 갈 4:4, 여자의 후손으로 오실 메시아이신 예수 그리스도). **율법을 완성하시는 그리스도 예수를 바르게 보는 영적 시각이 중요하다.**

갈 4:4-5 때가 차매 하나님이 그 아들을 보내사 여자에게서 나게 하시고 율법 아래에 나게 하신 것은 율법 아래에 있는 자들을 속량하시고 우리로 아들의 명분을 얻게 하려 하심이라

최고의 법은 예수 그리스도를 믿는 것이다.

약 4:12 입법자와 재판관은 오직 한 분이시니 능히 구원하기도 하시며 멸하기도 하시느니라 너는 누구이기에 이웃을 판단하느냐

약 2:8 너희가 만일 성경에 기록된 대로 네 이웃 사랑하기를 네 몸과 같이 하라 하신 최고의 법을 지키면 잘하는 것이거니와

예수님을 사랑하는 것이 최고의 법이며, 가장 큰 계명이다.

요 10:30 나와 아버지는 하나이니라 하신대

히 1:3 이는 하나님의 영광의 광채시요 그 본체의 형상이시라 그의 능력의 말씀으로 만물을 붙드시며 죄를 정결하게 하는 일을 하시고 높은 곳에 계신 지극히 크신 이의 우편에 앉으셨느니라

막 10:17-18 예수께서 길에 나가실새 한 사람이 달려와서 꿇어 앉아 묻자오되 선한 선생님이여 내가 무엇을 하여야 영생을 얻으리이까 예수께서 이르시되 네가 어찌하여 나를 선하다 일컫느냐 하나님 한 분 외에는 선한 이가 없느니라

엡 6:3 이로써 네가 잘되고 땅에서 장수하리라

우리가 흙으로 지음 받았기에 이 땅에서도 일반은총과 특별은총의 영, 육의 은혜를 주신다. 예수 그리스도를 구주로 영접한 자는 영원한 생명을 주신다. 장수는 곧 영생을 주실 것을 의미한다.

이 계명은 지금까지 통상적으로 육신의 부모를 섬기는 것에 초점을 맞추었다. 그러나 우리에게는 아버지 하나님이 계시다.

유일한 생명, 독생자로 오신 예수님은 하나님의 아들이시며 그리스도이시다. 십계명에서 공경하라고 한 부모는 하늘에 계신 아버지 하나님을 의미한다.

모든 사람은 육신의 생명을 주신 부모를 공경하는 것이 마땅하다. 믿음의 사람이라면 더욱 예수 그리스도의 마음으로 육신의 부모가 천국 가도록 전도하는 것이 가장 중요한 효도 중의 효도이다. 이 땅에서 함께 믿음을 지키며 천국 입성 때까지 섬기면서 일상생활의 필요를 챙겨 드려야 한다. 영, 육의 삶에 필요한 모든 것을 챙겨드리며 더욱 섬김의 효도를 다해야 한다.

그리스도인이 되면 내 안에 계신 성령께서 부모를 섬기도록 마음을 이끌어 주신다. 우리를 낳아주신 부모를 공경하는 것은 유

일한 생명의 하나님을 섬기는 올바른 자세이다. 성령 안에서 믿음의 행위가 따르게 되는 것은 경험한 자들은 다 안다.

* 십계명은 창조주와 피조물 관계의 법이다

십계명을 지금까지는 보편적으로 두 부분으로 나누어 설명하였다. 1~4계명은 하나님과의 관계, 5~10계명은 사람과의 관계로 나누어서 지금까지 선포되어 왔다. 그러나 십계명 전체를 하나의 통으로 보면 창조주 하나님께서 피조물들에게 말씀하신 관계이다. 십계명은 영이신 하나님이 죄로 죽음과 사망에 처한 모든 인류를 위해 주신 계명이기 때문이다.

① 거룩하신 창조주 하나님께서 피조물인 사람들의 죄의 원류가 마귀에게 있음을 드러내시기 때문이다.

② 사탄, 마귀와 거짓의 아비에 대해 철저히 심판을 규명하고 있기 때문이다.

③ 피조물로서 죄와 사망 가운데 있는 온 인류를 향해 말씀하시는 것으로 구원을 주시기 위함이기 때문이다.

그러므로 십계명을 하나님의 구속사로 다시 새겨보는 것이 유익하다. 창조주 하나님께서 온 인류 피조물에게 하시는 계명은 십계명이다. 무조건 들었던 것을 그대로 전하고 알고 있다면 그것 또한 거짓의 아비의 전략이다. 하나님께서 주신 십계명을 사람들이 사려 깊은 생각 없이 그 전통을 답습하였고, 지금까지 윤리·도덕으로 전해져 왔고 들어왔다. 이제 영원한 생명의 말씀으로 되새겨야 할 때이다.

하나님께서는 피조물인 인간의 죄인의 모습 배후에 사탄, 마귀의 조종과 역사가 있음을 말씀하신다. **하나님**과의 관계에서 사람은 원죄와 자범죄가 있으며, **예수님**의 **피**로 정결함을 받고 **성령**을 받는 자만이 진정한 **하나님**을 섬기며 영원한 안식을 보장 받는다.

사람과 사람과의 관계로 보는 시각, 곧 지식과 인본주의, 자유주의, 윤리와 도덕으로 성경을 접근하면 창조주 삼위일체 **하나님**의 계시를 왜곡하게 될 것이다.

> **롬 11:36** 이는 만물이 **주**에게서 나오고 **주**로 말미암고 **주**에게로 돌아감이라 그에게 영광이 세세에 있을지어다 아멘

> **롬 11:33** 깊도다 **하나님**의 지혜와 지식의 풍성함이여, 그의 판단은 헤아리지 못할 것이며 그의 길은 찾지 못할 것이로다

성막의 구조로 복음의 실체인 **예수 그리스도**의 진리 위에 세워져야 한다. 유월절로 시작하는 7대 절기를 마음에 새기는 것도 믿음에 부요한 지혜로운 자가 되는 길이다.

하나님의 보좌를 탐했던 천사가 교만하여 땅으로 쫓기고 이 땅에서 신과 임금으로 군림하여 사람들을 유한한 이 세상 것에 집착하도록 속이고 기만하는 마귀의 계략 안에서 사망으로 끌려가고 있다.

성령께서 **예수님**의 전 생애를 통하여 보여주신 구속사로 십계명을 보면, 창조자 **하나님** 앞에서 죄로 더러워진 옷 (사 64:6)을 입은 피조물에게 **하나님**이 믿음으로 의의 옷, **그리스도**의 옷을 입

혀 주시는 철저한 구속사이다 (갈 3:27; 사 61:10).

요 5:39 너희가 성경에서 영생을 얻는 줄 생각하고 성경을 연구하거니와 이 성경이 곧 내게 대하여 증언하는 것이니라 그러나 너희가 영생을 얻기 위하여 내게 오기를 원하지 아니하는도다

"너희가 영생을 얻기 위하여 내게 오기를 원하지 아니하는도다"라는 말씀은 무서운 경고이다.
내가 십자가에서 함께 죽는 것이 **예수 그리스도**와 함께 사는 것이며, 그렇게 될 때 부활의 생명으로 영원히 안식을 누리고 영생으로 살게 될 것이다.

갈 2:20 내가 **그리스도**와 함께 십자가에 못 박혔나니 그런즉 이제는 내가 사는 것이 아니요 오직 내 안에 **그리스도**께서 사시는 것이라 이제 내가 육체 가운데 사는 것은 나를 사랑하사 나를 위하여 자기 자신을 버리신 **하나님**의 아들을 믿는 믿음 안에서 사는 것이라

잠 4:23 모든 지킬 만한 것 중에 더욱 네 마음을 지키라 생명의 근원이 이에서 남이니라

요 7:38-39 나를 믿는 자는 성경에 이름과 같이 그 배에서 생수의 강이 흘러나오리라 하시니 이는 그를 믿는 자들이 받을 **성령**을 가리켜 말씀하신 것이라

요 14:6 **예수**께서 이르시되 내가 곧 길이요 진리요 생명이니 나로 말미암지 않고는 아버지께로 올 자가 없느니라

마 19:17 **예수**께서 이르시되 어찌하여 선한 일을 내게 묻느냐 선한 이는 오직 한 분이시니라 네가 생명에 들어가려면 계명들을 지키라

하나님께서 만드신 피조물 중 천사가 **하나님**께 도전했다 (창 1:2; 사 14:12-20; 겔 28:12-19; 고후 4:3-4; 계 12:7-9, 20:10).

교만은 패망의 선봉이다 (잠 16:18).

흙으로 지음 받은 아담과 하와가 선악과를 먹기 이전 곧 만세 전에 계획하신 신비로 십자가를 숨겨 놓으신 **하나님**의 사랑으로 **하나님**은 수직관계의 우선순위를 요구하신다.

엡 1:4 곧 창세 전에 **그리스도** 안에서 우리를 택하사 우리로 사랑 안에서 그 앞에 거룩하고 흠이 없게 하시려고 (참조. 엡 1:4-14)

엡 1:18-19 너희 마음의 눈을 밝히사 그의 부르심의 소망이 무엇이며 성도 안에서 그 기업의 영광의 풍성함이 무엇이며 그의 힘의 위력으로 역사하심을 따라 믿는 우리에게 베푸신 능력의 지극히 크심이 어떠한 것을 너희로 알게 하시기를 구하노라

계 21:4 모든 눈물을 그 눈에서 닦아 주시니 다시는 사망이 없

고 애통하는 것이나 곡하는 것이나 아픈 것이 다시 있지 아니하리니 처음 것들이 다 지나갔음이러라

계 21:22-23 성 안에서 내가 성전을 보지 못하였으니 이는 주 하나님 곧 전능하신 이와 및 어린 양이 그 성전이심이라 그 성은 해나 달의 비침이 쓸 데 없으니 이는 하나님의 영광이 비치고 어린 양이 그 등불이 되심이라

계 22:12-13 보라 내가 속히 오리니 내가 줄 상이 내게 있어 각 사람에게 그가 행한 대로 갚아 주리라 나는 알파와 오메가요 처음과 마지막이요 시작과 마침이라

계 22:18-21 내가 이 두루마리의 예언의 말씀을 듣는 모든 사람에게 증언하노니 만일 누구든지 이것들 외에 더하면 하나님이 이 두루마리에 기록된 재앙들을 그에게 더하실 것이요 만일 누구든지 이 두루마리의 예언의 말씀에서 제하여 버리면 하나님이 이 두루마리에 기록된 생명나무와 및 거룩한 성에 참여함을 제하여 버리시리라 이것들을 증언하신 이가 이르시되 내가 진실로 속히 오리라 하시거늘 아멘 주 예수여 오시옵소서 주 예수의 은혜가 모든 자들에게 있을지어다 아멘

계 22:7 보라 내가 속히 오리니 이 두루마리의 예언의 말씀을 지키는 자는 복이 있으리라 하더라

십계명 6.
6계명: 살인하지 말라

출 20:13 살인하지 말라 (참조. 신 5:17)

마 5:21-26 옛 사람에게 말한 바 살인하지 말라 누구든지 살인하면 심판을 받게 되리라 하였다는 것을 너희가 들었으나 나는 너희에게 이르노니 형제에게 노하는 자마다 심판을 받게 되고 형제를 대하여 라가라 하는 자는 공회에 잡혀가게 되고 미련한 놈이라 하는 자는 지옥 불에 들어가게 되리라 그러므로 예물을 제단에 드리려다가 거기서 네 형제에게 원망들을 만한 일이 있는 것이 생각나거든 예물을 제단 앞에 두고 먼저 가서 형제와 화목하고 그 후에 와서 예물을 드리라 너를 고발하는 자와 함께 길에 있을 때에 급히 사화하라 그 고발하는 자가 너를 재판관에게 내어 주고 재판관이 옥리에게 내어 주어 옥에 가둘까 염려하라 진실로 네게 이르노니 네가 한 푼이라도 남김이 없이 다 갚기 전에는 결코 거기서 나오지 못하리라

요일 3:15 그 형제를 미워하는 자마다 살인하는 자니 살인하는 자마다 영생이 그 속에 거하지 아니하는 것을 너희가 아는 바라 (마 5:21-26)

하나님의 관점과 사람의 관점은 그 시각의 차이가 너무 커서 결국 생명과 죽음의 차이로 벌어진다. **하나님**의 시각으로 볼 때 처음부터 살인자는 사탄, 마귀이다. 어둠의 영이요 거짓의 아비이다.

가인은 마귀의 속성을 가진 마귀의 종으로 동생 아벨을 죽이며 첫 살인자가 됐다.

창 4:8 가인이 그의 아우 아벨에게 말하고 그들이 들에 있을 때에 가인이 그의 아우 아벨을 쳐죽이니라

요일 3:12 가인같이 하지 말라 그는 악한 자에게 속하여 그 아우를 죽였으니 어떤 이유로 죽였느냐 자기의 행위는 악하고 그의 아우의 행위는 의로움이라

가인이 그 생각과 행동을 통해 아벨을 죽이게 된 배후에는 마귀가 있다. 악한 자에게 속하여 그 아우를 죽였으니 처음부터 살

인자인 거짓의 아비 사탄, 마귀가 배후에서 역사했음을 보여준다.

더 원론적인 것은 우리의 원죄 때문에 지옥에 가는 것이다. 원죄나 자범죄 모두 예수님의 보배로운 피로만 용서를 받는다.

* 율법을 완성하시므로 행동의 죄에서 마음의 죄까지 잡아내신다.

> 요일 3:15 그 형제를 미워하는 자마다 살인하는 자니 살인하는 자마다 영생이 그 속에 거하지 아니하는 것을 너희가 아는 바라

은혜를 입은 사람들은 원죄의 사함을 체험하고 나면 그 내면 깊은 곳의 감사와 용서가 입술에서, 삶에서 열매로 나오게 된다. 자범죄는 예수님의 피 공로를 의지하여 늘 손발을 씻듯이 회개하며 감사로 나아간다.

그러나 많은 사람이 용서받은 감격보다 자기의 감정에 휘둘려 미워하고 정죄한다. 이것 역시 영적으로 살인하는 것이라고 성경은 지적한다. 이런 사람은 자신이 마귀에게 붙들려 있는 것조차 모르고 있으니 성화의 변화가 더디기만 할 것이다.

원죄가 처리되지 않은 사람들은 절대로 천국에 들어갈 수 없다. 사람의 관점에서 사람에게 반듯하게 보이고 타인에게 칭찬을 받으며 자기의 생각과 기준으로 윤리·도덕적으로 올바르게 살아가는 자들에게는 오히려 그것이 걸림돌이 된다. 자기 의, 곧 지식이나 돈, 명예, 권력이 예수님을 만나지 못하게 하는 때가 많이 있다.

＊ 살인은 마귀의 속성이다.

요 8:44 너희는 너희 아비 마귀에게서 났으니 너희 아비의 욕심대로 너희도 행하고자 하느니라 그는 처음부터 살인한 자요 진리가 그 속에 없으므로 진리에 서지 못하고 거짓을 말할 때마다 제 것으로 말하나니 이는 그가 거짓말쟁이요 거짓의 아비가 되었음이라

요일 3:8 죄를 짓는 자는 마귀에게 속하나니 마귀는 처음부터 범죄함이라 하나님의 아들이 나타나신 것은 마귀의 일을 멸하려 하심이라

히 2:14 자녀들은 혈과 육에 속하였으매 그도 또한 같은 모양으로 혈과 육을 함께 지니심은 죽음을 통하여 죽음의 세력을 잡은 자 곧 마귀를 멸하시며

마귀는 살인한 자이며, 거짓의 아비가 되어 모든 사람의 마음, 영혼을 도둑질하여 시기와 질투와 미움과 원망으로 병들고 죄짓게 한다. 그리하여 영을 죽이고 지옥으로 끌고 가는 배후의 조종자이다. 그러므로 우리는 하나님의 은혜 없이는 살 수 없는 피조물들이다. 일반은총과 특별은총을 허락하신 은혜에 감사가 없는 사람은 마귀의 노리개로 전락한다.

창 6:5 여호와께서 사람의 죄악이 세상에 가득함과 그의 마음으로 생각하는 모든 계획이 항상 악할 뿐임을 보시고

창 6:12 하나님이 보신즉 땅이 부패하였으니 이는 땅에서 모든 혈육 있는 자의 행위가 부패함이었더라

약 2:10-11 누구든지 온 율법을 지키다가 그 하나를 범하면 모두 범한 자가 되나니 간음하지 말라 하신 이가 또한 살인하지 말라 하셨은즉 네가 비록 간음하지 아니하여도 살인하면 율법을 범한 자가 되느니라

* **여호와의 이름을 부르기 시작한 에노스의 때** (창 4:26)

창 4:25-26 아담이 다시 자기 아내와 동침하매 그가 아들을 낳아 그의 이름을 셋이라 하였으니 이는 하나님이 내게 가인이 죽인 아벨 대신에 다른 씨를 주셨다 함이며 셋도 아들을 낳고 그의 이름을 에노스라 하였으며 그때에 사람들이 비로소 여호와의 이름을 불렀더라

하나님은 죽은 아벨 (창 4:2, 허무, 공허, 입김) 대신 아담을 위해 다른 씨를 주셨는데, 그 아들의 이름은 '셋' (대신한 자)이다. 셋에게서 난 아들 에노스 때부터 사람들이 여호와의 이름을 부르기 시작했다. 셋은 아담의 모양과 형상이 같은 아들이자 다른 씨로 메시아의 길을 굳게 하기를 소망하는 이름이다.

에노스는 '부서지기 쉬운', '죽어야 할 사람'이란 뜻으로 전 인류를 예표한다. 비로소 여호와의 이름을 불렀다는 것은 하나님을 믿는 바른 의식, 제사 (예배) 생활이 시작되었다는 뜻이다. 에노스

는 스스로 구원하기에 무능하고 나약한 전 인류를 예표한다. 우리는 자신이 부서지기 쉽고 약하여 깨지기 쉬운 흙으로 지음 받은 죄인임을 인식해야 한다.

여호와의 이름은 '스스로 있는 자' 곧 영원부터 영원까지 계시는 분이다 (출 3:14). 우리가 **예수** 이름을 부를 때 구원의 기쁨을 맛볼 것이며, 잃었던 **하나님**을 찾을 것이다 (사 12:3). 구약의 **여호와**의 이름 속에 숨겨진 **예수 그리스도**의 구원은 성경 전체를 통해서 계속되고 있으며, 또 신약의 성도들에게 실행되고 있다 (행 2:21, 7:59; 롬 10:13). **여호와**로 언약하신 말씀을 **예수님**께서 십자가에서 죽고 부활함으로 성취하신 것이다. 다 이루었다 (요 19:30).

* 온 인류는 영적으로 타락한 모습이다.

> 마 15:18-19 입에서 나오는 것들은 마음에서 나오나니 이것이야말로 사람을 더럽게 하느니라 마음에서 나오는 것은 악한 생각과 살인과 간음과 음란과 도둑질과 거짓 증언과 비방이니 (막 7:20-23)

* 미움은 영적 살인으로 온 인류의 죄의 실체를 드러낸다.
* 미움을 이기는 것은 하나님의 사랑뿐이다.

> 벧전 4:8 무엇보다도 뜨겁게 서로 사랑할지니 사랑은 허다한 죄를 덮느니라

> 요일 4:7-8 사랑하는 자들아 우리가 서로 사랑하자 사랑은 **하**

나님께 속한 것이니 사랑하는 자마다 하나님으로부터 나서 하나님을 알고 사랑하지 아니하는 자는 하나님을 알지 못하나니 이는 하나님은 사랑이심이라

골 3:12-14 그러므로 너희는 하나님이 택하사 거룩하고 사랑받는 자처럼 긍휼과 자비와 겸손과 온유와 오래 참음을 옷 입고 누가 누구에게 불만이 있거든 서로 용납하여 피차 용서하되 주께서 너희를 용서하신 것같이 너희도 그리하고 이 모든 것 위에 사랑을 더하라 이는 온전하게 매는 띠니라

한 사람의 영혼이 구원받도록 하나님의 사랑으로 그 영혼을 위해 기도하며 섬기는 것이 제일 귀한 일이다.

십계명 7.
7계명: 간음하지 말라

출 20:14 간음하지 말라 (참조. 신 5:18)

마 5:27 또 간음하지 말라 하였다는 것을 너희가 들었으나

마 5:28 나는 너희에게 이르노니 음욕을 품고 여자를 보는 자마다 마음에 이미 간음하였느니라

　선악과를 먹음은 온 인류의 간음 곧 우상 숭배를 보여주는 것이다. 스스로 인정하지 않더라도 우상을 섬기므로 간음자라고 하나님께서 말씀으로 선포하고 있다. 우상 숭배가 영적 간음이다.

*** 영적 간음은 더 깊은 근본적인 원죄로 접근하여 본다.**

영적 간음은 창조주 하나님께서 사람들에게 하늘의 복과 영원한 생명으로 천국을 주시고자 했으나 뱀의 유혹으로 첫 사람이 아담과 하와가 선악과를 먹음으로 모든 인류가 죄인이 된 것이다. 죄와 사망으로 종 삼고 안식을 파괴하고 거룩한 이름을 짓밟는 사탄, 마귀의 정체를 확실히 알아야 한다.

> 요 8:44 너희는 너희 아비 마귀에게서 났으니 너희 아비의 욕심대로 너희도 행하고자 하느니라 그는 처음부터 살인한 자요 진리가 그 속에 없으므로 진리에 서지 못하고 거짓을 말할 때마다 제 것으로 말하나니 이는 그가 거짓말쟁이요 거짓의 아비가 되었음이라

> 요 8:41 너희는 너희 아비가 행한 일들을 하는도다 대답하되 우리가 음란한 데서 나지 아니하였고 아버지는 한 분뿐이시니 곧 하나님이시로다

윤리·도덕적인 사람 간의 간음도 분명 존재한다. 그럼에도 더 큰 함정은 하나님과의 관계에서 온 인류를 상대로 거짓의 아비요 마귀가 하나님과 믿음의 사람 사이를 이간질하며 분리시켜 우상을 섬기게 하므로 유황불 못에 끌고 가는 것이다.

> 갈 5:19-21 육체의 일은 분명하니 곧 음행과 더러운 것과 호색과 우상 숭배와 주술과 원수 맺는 것과 분쟁과 시기와 분냄과 당 짓

는 것과 분열함과 이단과 투기와 술 취함과 방탕함과 또 그와 같은 것들이라 전에 너희에게 경계한 것같이 경계하노니 이런 일을 하는 자들은 하나님의 나라를 유업으로 받지 못할 것이요

온 인류는 단적으로 말하면 다 간음자라고 하나님께서는 말씀하셨다. 예수님보다 이 세상을 더 사랑하는 것이 우상 숭배로 진정한 영적 간음이다. 창조주 하나님을 진정으로 섬기지 못하고 이 세상의 삶을 우선순위로 삼아 땅의 가치관을 갖고 살아가는 것이 바로 영적 간음이다.
창세기 11장에서 사람들이 바벨탑을 쌓게 된 것도 그들이 자아 중심, 사람 중심이었기 때문이다.

> 마 5:17 내가 율법이나 선지자를 폐하러 온 줄로 생각하지 말라 폐하러 온 것이 아니요 완전하게 하려 함이라

구약의 율법에서는 보이는 행동의 죄를 드러내어 처벌했다. 신약에서는 하나님의 아들이신 그리스도께서 십자가에서 죽고 부활하심으로 성령께서 죄에 대하여, 의에 대하여, 심판에 대하여 책망하신다. 율법을 완성하신 것으로 마음의 깊은 것과 생각 (영, 혼)의 부분까지 터치하며 회개하게 한다.

* 사람들의 마음의 죄도 보여주신다.

> 마 15:18-20 입에서 나오는 것들은 마음에서 나오나니 이것이야말로 사람을 더럽게 하느니라 마음에서 나오는 것은 악한 생

각과 살인과 간음과 음란과 도둑질과 거짓 증언과 비방이니 이런 것들이 사람을 더럽게 하는 것이요 씻지 않은 손으로 먹는 것은 사람을 더럽게 하지 못하느니라 (막 7:20-23)

마 5:27-32 또 간음하지 말라 하였다는 것을 너희가 들었으나 나는 너희에게 이르노니 음욕을 품고 여자를 보는 자마다 마음에 이미 간음하였느니라 만일 네 오른 눈이 너로 실족하게 하거든 빼어 내버리라 네 백체 중 하나가 없어지고 온 몸이 지옥에 던져지지 않는 것이 유익하며 또한 만일 네 오른손이 너로 실족하게 하거든 찍어 내버리라 네 백체 중 하나가 없어지고 온 몸이 지옥에 던져지지 않는 것이 유익하니라 또 일렀으되 누구든지 아내를 버리려거든 이혼 증서를 줄 것이라 하였으나 나는 너희에게 이르노니 누구든지 음행한 이유 없이 아내를 버리면 이는 그로 간음하게 함이요 또 누구든지 버림받은 여자에게 장가드는 자도 간음함이니라 (마 19:3-9; 막 10:1-12)

살전 4:3 하나님의 뜻은 이것이니 너희의 거룩함이라 곧 음란을 버리고 (**하나님**의 뜻은 창조의 목적대로 살기 원한다)

간음은 사탄의 본성이다. 우상 숭배이다. 사람 안에서 **하나님**을 대적하며 자기를 사랑하며 돈을 사랑하며 피조물인 무엇을 사랑하게 만들어 창조 목적대로 살지 못하게 하므로 죄 가운데서 부패하게 한다.

세상을 사랑하는 것이 영적 간음이다.

약 4:4 간음한 여인들아 세상과 벗 된 것이 **하나님**과 원수 됨을 알지 못하느냐 그런즉 누구든지 세상과 벗이 되고자 하는 자는 스스로 **하나님**과 원수 되는 것이니라

간음한 여인들은 아담 안에 있는 자이며, 율법 아래에 있는 죄인들이며, **하나님**보다 정욕과 세상을 사랑하는 것이다.
음행 중에 잡혀 온 여자는 인류의 모습이 우상을 숭배하는 것으로 간음자라는 것을 보여 준다.

요 8:3-11 서기관들과 바리새인들이 음행 중에 잡힌 여자를 끌고 와서 가운데 세우고 **예수**께 말하되 선생이여 이 여자가 간음하다가 현장에서 잡혔나이다 모세는 율법에 이러한 여자를 돌로 치라 명하였거니와 선생은 어떻게 말하겠나이까 그들이 이렇게 말함은 고발할 조건을 얻고자 하여 **예수**를 시험함이러라 **예수**께서 몸을 굽히사 손가락으로 땅에 쓰시니 그들이 묻기를 마지 아니하는지라 이에 일어나 이르시되 너희 중에 죄 없는 자가 먼저 돌로 치라 하시고 다시 몸을 굽혀 손가락으로 땅에 쓰시니 그들이 이 말씀을 듣고 양심에 가책을 느껴 어른으로 시작하여 젊은이까지 하나씩 하나씩 나가고 오직 **예수**와 그 가운데 섰는 여자만 남았더라 **예수**께서 일어나사 여자 외에 아무도 없는 것을 보시고 이르시되 여자여 너를 고발하던 그들이 어디 있느냐 너를 정죄한 자가 없느냐 대답하되 **주**여 없나이다 **예수**께서 이르시되 나도 너를 정죄하지 아니하노니 가서 다시는 죄를 범하지 말라 하시니라

율법은 정죄하는 것으로, 율법 아래에 있으면 죄와 사망에 매여 있는 것이다. 예수님은 율법을 완성한 분으로 우리의 죄를 위해 십자가에서 피 흘리고 죽으셨다 (롬 10:1-4).

* 삼위 하나님보다 다른 무엇을 더 사랑하는 것이 영적 간음이다.

마귀의 성품으로 살아가는 것이 영적 간음이다. 믿음의 우선순위가 바뀌고 창조의 목적대로 살지 못하는 것이 영적 간음이다.

죄의 문제와 관련된 모든 것을 계시한다.

① 죄의 근원은 마귀, 사탄의 교만과 질투심이다.
② 죄의 주요 항목은 간음 및 음행과 살인이다 (요 8:3, 41, 44).
③ 죄의 속박 아래 있거나 또는 그 노예가 된다.
④ 죄의 산물 또는 그 결과는 사망이다.
⑤ 죄 없으신 분은 예수 그리스도 한 분이시다.
⑥ 죄를 정죄할 자격이 있는 분은 예수 그리스도 한 분이시다.
⑦ 죄를 용서할 능력이 있으신 분은 예수 그리스도 한 분이시다.
⑧ 사람들을 죄에서 해방시킬 수 있는 분은 예수 그리스도 한 분이시다.

원죄와 자범죄의 모든 죄들을 정결케 하는 것은 보배로운 보혈의 피로만 된다.

예수 그리스도는 영존하시는 하나님, 위대하신 창조주이시다. 말씀이 육신, 인자가 되셔서 우리의 죄를 짊어지고 십자가에 못박혀 피 흘려주셨다 (요 1:14, 3:14).

* 성경은 사람들이 음란과 간음으로 사형수가 됐음을 선포한다.

롬 1:26-32 이 때문에 하나님께서 그들을 부끄러운 욕심에 내버려 두셨으니 곧 그들의 여자들도 순리대로 쓸 것을 바꾸어 역리로 쓰며 그와 같이 남자들도 순리대로 여자 쓰기를 버리고 서로 향하여 음욕이 불일듯하매 남자가 남자와 더불어 부끄러운 일을 행하여 그들의 그릇됨에 상당한 보응을 그들 자신이 받았느니라 또한 그들이 마음에 하나님 두기를 싫어하매 하나님께서 그들을 그 상실한 마음대로 내버려 두사 합당하지 못한 일을 하게 하셨으니 곧 모든 불의, 추악, 탐욕, 악의가 가득한 자요 시기, 살인, 분쟁, 사기, 악독이 가득한 자요 수군수군하는 자요 비방하는 자요 하나님께서 미워하시는 자요 능욕하는 자요 교만한 자요 자랑하는 자요 악을 도모하는 자요 부모를 거역하는 자요 우매한 자요 배약하는 자요 무정한 자요 무자비한 자라 그들이 이 같은 일을 행하는 자는 사형에 해당한다고 하나님께서 정하심을 알고도 자기들만 행할 뿐 아니라 또한 그런 일을 행하는 자들을 옳다 하느니라

롬 2:22 간음하지 말라 말하는 네가 간음하느냐 우상을 가증히 여기는 네가 신전 물건을 도둑질하느냐

딤전 6:8-10 우리가 먹을 것과 입을 것이 있은즉 족한 줄로 알 것이니라 부하려 하는 자들은 시험과 올무와 여러 가지 어

리석고 해로운 욕심에 떨어지나니 곧 사람으로 파멸과 멸망에 빠지게 하는 것이라 돈을 사랑함이 일만 악의 뿌리가 되나니 이것을 탐내는 자들은 미혹을 받아 믿음에서 떠나 많은 근심으로써 자기를 찔렀도다

9절의 '부하려 하는'은 '부의 소유'가 아니라 '부에 대한 애착'을 말한다. 부에 대한 이런 욕망이 그들을 멸망시키고 파괴한다.

골 3:5-6 그러므로 땅에 있는 지체를 죽이라 곧 음란과 부정과 사욕과 악한 정욕과 탐심이니 탐심은 우상 숭배니라 이것들로 말미암아 하나님의 진노가 임하느니라

벧전 4:3 너희가 음란과 정욕과 술 취함과 방탕과 향락과 무법한 우상 숭배를 하여 이방인의 뜻을 따라 행한 것은 지나간 때로 족하도다

살후 2:9-12 악한 자의 나타남은 사탄의 활동을 따라 모든 능력과 표적과 거짓 기적과 불의의 모든 속임으로 멸망하는 자들에게 있으리니 이는 그들이 진리의 사랑을 받지 아니하여 구원함을 받지 못함이라 이러므로 하나님이 미혹의 역사를 그들에게 보내사 거짓 것을 믿게 하심은 진리를 믿지 않고 불의를 좋아하는 모든 자들로 하여금 심판을 받게 하려 하심이라

사탄의 역사는 능력과 표적과 거짓 기적과 불의로 많은 사람

의 마음을 속이고 도둑질한다. 속은 사람은 진리를 믿지 않고 불의를 좋아하는 자로 하나님께서 심판하신다 (요일 2:4).

　기적 중의 기적은 내가 죄인임을 회개하여 예수님이 하나님의 아들이시며 그리스도이심을 성령으로 믿어 하나님의 자녀가 된 것이니, 눈에 보이는 기적을 바라기보다 더 높은 영원하신 생명을 수시는 진리에 굳건하게 서는 것이 더 중요하다 (유 1:20-21).

　마 16:16 시몬 베드로가 대답하여 이르되 주는 그리스도시요 살아 계신 하나님의 아들이시니이다

　딤전 6:6 그러나 자족하는 마음이 있으면 경건은 큰 이익이 되느니라

　요일 2:25 그가 우리에게 약속하신 것은 이것이니 곧 영원한 생명이니라

　요일 1:1-4 태초부터 있는 생명의 말씀에 관하여는 우리가 들은 바요 눈으로 본 바요 자세히 보고 우리의 손으로 만진 바라 이 생명이 나타내신 바 된지라 이 영원한 생명을 우리가 보았고 증언하여 너희에게 전하노니 이는 아버지와 함께 계시다가 우리에게 나타내신 바 된 이시니라 우리가 보고 들은 바를 너희에게도 전함은 너희로 우리와 사귐이 있게 하려 함이니 우리의 사귐은 아버지와 그의 아들 예수 그리스도와 더불어 누림이라 우리가 이것을 씀은 우리의 기쁨이 충만하게 하려 함이라

십계명 8.
8계명: 도둑질하지 말라

출 20:15 도둑질하지 말라

요 10:10 도둑이 오는 것은 도둑질하고 죽이고 멸망시키려는 것뿐이요 내가 온 것은 양으로 생명을 얻게 하고 더 풍성히 얻게 하려는 것이라

사탄, 마귀는 아담과 하와에게 주셨던 것으로 만물통치권, 영생권, 교통권을 빼앗은 도둑이며 만물과 영혼까지 도둑질한 자이다. 에덴동산에서 뱀의 유혹을 받은 아담과 하와는 선악과를 먹음으로 자신들에게 주어졌던 영생권, 교통권, 만물통치권을 빼앗겼다. 그들에게서 그 모든 것을 빼앗은 도둑은 사탄, 마귀, 거짓의

아비이다.

영생권, 교통권, 만물통치권을 도둑질한 마귀는 지금도 사람들의 마음을 미혹하는 자이다. 마귀는 만물뿐 아니라 온 인류의 영혼까지 속이고 도둑질했다.

도둑질을 하고자 하는 마음의 배후에 사탄, 마귀가 있으며 이들은 생각과 감정까지 뒤흔든다. 세상 것에만 관심이 있고 소유하고자 하는 것도 마귀가 지닌 성품의 한 단면이다.

> **엡 6:12** 우리의 씨름은 혈과 육을 상대하는 것이 아니요 통치자들과 권세들과 이 어둠의 세상 주관자들과 하늘에 있는 악의 영들을 상대함이라

> **약 4:8 하나님**을 가까이하라 그리하면 너희를 가까이하시리라 죄인들아 손을 깨끗이 하라 두 마음을 품은 자들아 마음을 성결하게 하라

> **엡 4:26-27** 분을 내어도 죄를 짓지 말며 해가 지도록 분을 품지 말고 마귀에게 틈을 주지 말라 도둑질하는 자는 다시 도둑질하지 말고 돌이켜 가난한 자에게 구제할 수 있도록 자기 손으로 수고하여 선한 일을 하라

윤리·도덕적으로 남의 물건을 도둑질하는 것에만 치중하고 관심을 두면 율법과 복음으로 완성하시는 구속사를 볼 수 없다.

* 사람들의 영혼의 죄의 모습은 어떠한가?

마 15:18-20 입에서 나오는 것들은 마음에서 나오나니 이것이 야말로 사람을 더럽게 하느니라 마음에서 나오는 것은 악한 생각과 살인과 간음과 음란과 도둑질과 거짓 증언과 비방이니 이런 것들이 사람을 더럽게 하는 것이요 씻지 않은 손으로 먹는 것은 사람을 더럽게 하지 못하느니라 (막 7:20-23; 딤전 6:3-5; 렘 9:2-15)

마귀에게 도적질 당한 사람은 사탄과 마귀의 속성으로 하나님의 주권을 인정하지 않는다. 우리에게 허락하신 은혜에 만족하지 않고 자기중심적으로 살며, 자기가 하나님이 되어 도둑인 마귀의 비열한 속성으로 이득을 얻으려 한다. 이런 행동은 사망을 향해 가는 것이다.

누가복음 10장 25-37절에 나오는 강도 만난 사람 이야기를 보자. 이 사람이 강도를 만나 죽게 된 것은 모든 인류가 강도인 마귀로 인해 죄와 사망에 놓여 있음을 보여준다. 이 사건에서 사탄, 마귀는 강도로 만물과 사람의 영혼을 다 도둑질하여 빼앗아 갔음을 보여준다. 자비를 베푼 사마리아 사람은 예수님을 의미한다.

눅 10:30 예수께서 대답하여 이르시되 어떤 사람이 예루살렘에서 여리고로 내려가다가 강도를 만나매 강도들이 그 옷을 벗기고 때려 거의 죽은 것을 버리고 갔더라

눅 10:33-34 어떤 사마리아 사람은 여행하는 중 거기 이르러 그를 보고 불쌍히 여겨 가까이 가서 기름과 포도주를 그 상처에 붓고 싸매고 자기 짐승에 태워 주막으로 데리고 가서 돌보아 주니라

강도 만난 사람은 율법에 의해 사망으로 정죄 받아 거반 죽은 상태였다 (롬 7:9-13).

사마리아 사람은 강도 만난 자의 상처 위에 기름과 포도주를 부었다. 기름은 **성령**을 상징하고, 포도주는 **하나님**의 영원한 생명을 주시는 복음으로 **피**를 상징한다. 포도주와 기름은 생명을 주는 **보혈**과 **성령**이다 (고전 15:45).

만물과 사람의 영혼까지 도둑질한 사탄, 마귀는 절도요 강도이다.

요 10:7-8 그러므로 **예수**께서 다시 이르시되 내가 진실로 진실로 너희에게 말하노니 나는 양의 문이라 나보다 먼저 온 자는 다 절도요 강도니 양들이 듣지 아니하였느니라

하나님의 보좌 찬탈을 시도했다. 그 보좌를 노리다 타락한 천사를 루시퍼라고 한다. 사탄, 마귀가 보좌 찬탈을 시도했고, 인간의 영혼까지 강도질하며 만물을 도둑질했다.

강도요 절도인 자들은 성경에 또 나온다. **예수님** 당시 종교 지도자로 바리새인, 서기관, 사두개인이 독사의 새끼라고 책망을 받은 것을 거울 삼아야 한다. 그러나 그들의 배후에는 도둑인 마귀가 있었음을 명심하라.

하나님 나라의 비밀이며 창세 전에 감추어졌던 **그리스도**를 통해 주시는 영생의 복을 선포하자. **하나님**은 우리에게 **성령**의 통로가 되어 복음을 전하는 자신도 살고, 복음을 전함으로 다른 영혼도 살릴 것을 요구하신다.

마귀가 우리에게 들이대는 것은 전반적으로 땅의 물질과 번영에 관심 갖도록 하는 것들이다. 우리는 우리를 위해 십자가에서 죽고 부활하신 존귀하신 **예수 그리스도**를 높이며 자랑해야 한다. 지금의 시대는 마귀의 조종과 영향을 받은 강도를 통해 하늘의 복을 땅의 것으로 바꾸고 썩어질 것만을 좇게 한다. 사람들은 모여서 학벌 자랑, 명예 자랑, 돈 자랑 등 자신을 자랑하며 높인다.

그러나 한 사람이 두 주인을 섬기지 못한다고 성경은 분명히 말씀하셨다 (마 6:24). 삯꾼 목자는 돈만 아는 자, 돈만 추구하며 돈을 사랑하는 자로 돈을 축적하여 허공에 견고한 성을 쌓아간다.

죄에서 구원받은 우리 믿음의 사람들은 아버지 **하나님**께 영광 돌리는 삶을 살며, 유한한 세상 것과 비교도 되지 않는 영원한 것을 추구하며 그것을 세상 무엇과도 바꾸지 않는다. **성령**의 사람은 **예수 그리스도**의 보배로운 **피**만을 자랑한다 (고전 1:30-31).

하나님 말씀을 자기의 생각대로 설교하는 것은 하늘의 복을 윤리·도덕, 지식, 인본 등 땅의 관점으로 추락시켜 현재 이 세상 복으로 연결하는 것이다. 위로와 듣기 좋은 소리로 이삭의 100배의 복 받음을 이 땅의 복과 연결하면 영적 강도이다. 이삭이 받은

100배의 복이란 완전한 복이며 영생을 주겠다는 뜻이다.

* 삼위 하나님께서는 영광과 찬송을 받기 위하여 사람을 창조하셨다 (사 43:7, 21; 골 1:16).

마 6:33 그런즉 너희는 먼저 그의 나라와 그의 의를 구하라 그리하면 이 모든 것을 너희에게 더하시리라

예수님이 하나님의 아들이시며 그리스도이심을 가르침으로 예수를 만나게 하는 것이다. 성령으로 말씀을 깨달아 예수님께서 하나님의 아들이시요 그리스도이심을 바르게 전함으로 성도로 하여금 예수 그리스도를 잘 믿도록 하는 것이 복음을 전하는 자의 직임이요 목사의 일이다.

* 로마서 1장 18-32절은 죄악에 대한 4가지 요소를 계시한다.
① 사람들은 불의로 진리를 막았다 (18절).
② 그들은 마음에 하나님 두기를 싫어했다 (28절).
③ 그들은 하나님께 감사하지 않았고 경배하지도 않았으며 섬기지도 않았다 (21, 25절).
④ 그들은 하나님을 우상과 바꿨다 (23, 25절).

요일 2:16 이는 세상에 있는 모든 것이 육신의 정욕과 안목의 정욕과 이생의 자랑이니 다 아버지께로부터 온 것이 아니요 세상으로부터 온 것이라

롬 3:10 기록된바 의인은 없나니 하나도 없으며

롬 3:23 모든 사람이 죄를 범하였으매 하나님의 영광에 이르지 못하더니

롬 5:12 그러므로 한 사람으로 말미암아 죄가 세상에 들어오고 죄로 말미암아 사망이 들어왔나니 이와 같이 모든 사람이 죄를 지었으므로 사망이 모든 사람에게 이르렀느니라

* 여호와의 언약과 성취를 믿는 자에게 성령으로 적용한다.

① 여호와 이레 - 창 22:13-17; 요 1:29
"보라 세상 죄를 지고 가는 하나님의 어린 양이로다."

② 여호와 라파 - 출 15:26; 벧전 2:24-25
"친히 나무에 달려 그 몸으로 우리 죄를 담당하셨으니…그가 채찍에 맞음으로 너희는 나음을 얻었나니."

③ 여호와 닛시 - 출 17:8-16; 요 11:25
"나는 부활이요 생명이니" (승리).

④ 여호와 샬롬 - 삿 6:24; 요 20:19
"평강이 있을지어다.", 요 14:27 "평안을 너희에게 주노라."

⑤ 여호와 로이 - 시 23장; 마 11:27
"아버지 외에는 아들을 아는 자가 없고" (목자 되신 하나님).

⑥ 여호와 치누케누 - 렘 23:6, 33:16
"여호와는 우리의 의라는 이름을 얻으리라."

⑦ 여호와 삼마 - 겔 48:35; 마 1:23

"그의 이름은 임마누엘이라 하리라."

⑧ **여호와** 체바오트 - 삼상 17:45

"만군의 **여호와**" (전쟁하시는 하나님).

⑨ **여호와** 카다쉬 - 레 19:2

"너희는 거룩하라 이는 나 **여호와** 너희 **하나님**이 거룩함이니라."

히 10:10 이 뜻을 따라 **예수 그리스도**의 몸을 단번에 드리심으로 말미암아 우리가 거룩함을 얻었노라

히 13:12 그러므로 **예수**도 자기 **피**로써 백성을 거룩하게 하려고 성문 밖에서 고난을 받으셨느니라

빌 2:8 사람의 모양으로 나타나사 자기를 낮추시고 죽기까지 복종하셨으니 곧 십자가에 죽으심이라

골 1:13-14 그가 우리를 흑암의 권세에서 건져내사 그의 사랑의 아들의 나라로 옮기셨으니 그 아들 안에서 우리가 속량 곧 죄 사함을 얻었도다

골 1:26-27 이 비밀은 만세와 만대로부터 감추어졌던 것인데 이제는 그의 성도들에게 나타났고 **하나님**이 그들로 하여금 이 비밀의 영광이 이방인 가운데 얼마나 풍성한지를 알게 하려 하심이라 이 비밀은 너희 안에 계신 **그리스도**시니 곧 영광의 소망이니라

이사야 53장에 나오는 그리스도의 사역의 단계는
① 성육신,
② 십자가에 못 박혀 대속의 피를 흘리심,
③ 부활,
④ 성령의 임재이다.

사 53:5 그가 찔림은 우리의 허물 때문이요 그가 상함은 우리의 죄악 때문이라 그가 징계를 받으므로 우리는 평화를 누리고 그가 채찍에 맞으므로 우리는 나음을 받았도다

❶ 인간의 허물은 하나님의 법을 어긴 것이다 (십계명, 대계명, 대사명을 어김 = 허물).

히 8:12 내가 그들의 불의를 긍휼히 여기고 그들의 죄를 다시 기억하지 아니하리라 하셨느니라

❷ 그리스도께서 상하시고 (짓이겨지고 깨뜨려지는 것), 손발에 못 박힘은 우리의 죄악 때문이다 (사소한 죄들까지 사해 주시기 위함이다).
❸ 그가 징계를 받고 십자가에 달리심은 스스로 죄인이 되어 나 대신 죽으심이다. 우리의 원죄를 도맡아 책임지심으로 하나님과 우리 사이의 화목제물이 되셨다.
❹ 주님이 채찍에 맞으심은 우리에게 건강을 주시기 위한 것으로 영, 혼, 몸의 각종 질병을 치료하신다.
몸뿐 아니라 영, 혼은 불신에서 치료하여 그 피와 성령으로 믿

음을 주시고 죄에서 구원하여 주신다. 사망과 저주에서의 구원, 지옥에서의 구원, 유황불 못에서의 구원으로 감사와 찬송을 돌린다.

또한 영원한 기쁨의 천국과 고통의 지옥을 알게 하신다. 혼은 나의 지식과 감정과 의지로 살았던 지정의를 그리스도의 법에 복종시킨다. 육의 각종 질병을 치료하시고 회복시키셔서 죽음의 자리에서 치료받는 경험을 하게 하셨다.

* 지금은 신부의 믿음을 요구하는 중요한 때이다 (엡 4:13).

계 14:4-5 이 사람들은 여자와 더불어 더럽히지 아니하고 순결한 자라 어린 양이 어디로 인도하든지 따라가는 자며 사람 가운데에서 속량함을 받아 처음 익은 열매로 하나님과 어린 양에게 속한 자들이니 그 입에 거짓말이 없고 흠이 없는 자들이더라

살전 5:15-23 삼가 누가 누구에게든지 악으로 악을 갚지 말게 하고 서로 대하든지 모든 사람을 대하든지 항상 선을 따르라 항상 기뻐하라 쉬지 말고 기도하라 범사에 감사하라 이것이 그리스도 예수 안에서 너희를 향하신 하나님의 뜻이니라 성령을 소멸하지 말며 예언을 멸시하지 말고 범사에 헤아려 좋은 것을 취하고 악은 어떤 모양이라도 버리라 평강의 하나님이 친히 너희를 온전히 거룩하게 하시고 또 너희의 온 영과 혼과 몸이 우리 주 예수 그리스도께서 강림하실 때에 흠 없게 보전되기를 원하노라

미래의 구원 (생명의 부활)과 영화의 단계는 매우 중요하다.

> **요 5:29** 선한 일을 행한 자는 생명의 부활로, 악한 일을 행한 자는 심판의 부활로 나오리라

> **빌 3:21** … 우리의 낮은 몸을 자기 영광의 몸의 형체와 같이 변하게 하시리라

* 영적 싸움에 승리하기 위해서는 전신갑주를 입으라 (엡 6:10-17).

마귀의 궤계 (엡 6:11)
우리의 씨름 (엡 6:12) 신앙은 마귀와의 전쟁이다
하나님의 전신갑주를 취하라 (엡 6:13)
진리로 허리띠를 띠라 (엡 6:14)
의의 흉배를 붙이고 (엡 6:14)
평안의 복음의 신을 신고 (엡 6:15)
믿음의 방패를 가지고 (엡 6:16)
구원의 투구 (엡 6:17)
성령의 검, 곧 **하나님**의 말씀을 가지라 (엡 6:17)

십계명 9.
9계명: 네 이웃에 대하여 거짓 증거하지 말라

출 20:16 네 이웃에 대하여 거짓 증거하지 말라

신 5:20 네 이웃에 대하여 거짓 증거하지 말지니라

레 19:12 너희는 내 이름으로 거짓 맹세함으로 네 **하나님**의 이름을 욕되게 하지 말라 나는 **여호와**이니라

시 95:10-11 내가 사십 년 동안 그 세대로 말미암아 근심하여 이르기를 그들은 마음이 미혹된 백성이라 내 길을 알지 못한다 하였도다 그러므로 내가 노하여 맹세하기를 그들은 내 안식에 들어오지 못하리라 하였도다

요 8:44 너희는 너희 아비 마귀에게서 났으니 너희 아비의 욕심대로 너희도 행하고자 하느니라 그는 처음부터 살인한 자요 진리가 그 속에 없으므로 진리에 서지 못하고 거짓을 말할 때마다 제 것으로 말하나니 이는 그가 거짓말쟁이요 거짓의 아비가 되었음이라

계 21:8 그러나 두려워하는 자들과 믿지 아니하는 자들과 흉악한 자들과 살인자들과 음행하는 자들과 점술가들과 우상 숭배자들과 거짓말하는 모든 자들은 불과 유황으로 타는 못에 던져지리니 이것이 둘째 사망이라

잠 25:18 자기의 이웃을 쳐서 거짓 증거하는 사람은 방망이요 칼이요 뾰족한 화살이니라

마귀는 거짓말쟁이요 거짓의 아비로서 수많은 사람이 창조주를 믿지 못하게 하는 방해꾼이다. 자기가 하나님인 것처럼 거짓말하는 자로 거짓의 아비 사탄, 마귀는 온 세상을 꾀는 자이다.
예수를 죽이려고 거짓 증언한 자들도 바로 마귀의 미혹과 술책에 붙들려 이용된 자들이다.

막 14:55-57 대제사장들과 온 공회가 예수를 죽이려고 그를 칠 증거를 찾되 얻지 못하니 이는 예수를 쳐서 거짓 증언하는 자가 많으나 그 증언이 서로 일치하지 못함이라 어떤 사람들이 일어나 예수를 쳐서 거짓 증언하여 이르되

사탄과 마귀는 세계의 모든 나라의 교육 현장에서 하나님께서 창조하신 것을 거짓인 진화론으로 바꾸게 하여 오랜 시간 동안 합법적으로 교육을 시켜 오게 했고, 지금도 전 세계에서 진화론의 교육은 계속 진행 중이다.

거짓의 아비, 속이는 자로 인해 지금도 온 인류는 맹목적으로 진화론을 따르고 있다. 성령께서 깨닫게 하고 은혜가 있어야만 그 실체를 정확히 알 수가 있다.

마 15:18-19 입에서 나오는 것들은 마음에서 나오나니 이것이 야말로 사람을 더럽게 하느니라 마음에서 나오는 것은 악한 생각과 살인과 간음과 음란과 도둑질과 거짓 증언과 비방이니 (막 7:20-23; 렘 17:9, 9:12-15)

딤전 6:3-5 누구든지 다른 교훈을 하며 바른 말 곧 우리 주 예수 그리스도의 말씀과 경건에 관한 교훈을 따르지 아니하면 그는 교만하여 아무 것도 알지 못하고 변론과 언쟁을 좋아하는 자니 이로써 투기와 분쟁과 비방과 악한 생각이 나며 마음이 부패하여지고 진리를 잃어 버려 경건을 이익의 방도로 생각하는 자들의 다툼이 일어나느니라

요일 4:1 사랑하는 자들아 영을 다 믿지 말고 오직 영들이 하나님께 속하였나 분별하라 많은 거짓 선지자가 세상에 나왔음이라

요일 5:10-13 하나님의 아들을 믿는 자는 자기 안에 증거가 있고 하나님을 믿지 아니하는 자는 하나님을 거짓말하는 자로 만드나니 이는 하나님께서 그 아들에 대하여 증언하신 증거를 믿지 아니하였음이라 또 증거는 이것이니 하나님이 우리에게 영생을 주신 것과 이 생명이 그의 아들 안에 있는 그것이니라 아들이 있는 자에게는 생명이 있고 하나님의 아들이 없는 자에게는 생명이 없느니라 내가 하나님의 아들의 이름을 믿는 너희에게 이것을 쓰는 것은 너희로 하여금 너희에게 영생이 있음을 알게 하려 함이라

요일 5:19 또 아는 것은 우리는 하나님께 속하고 온 세상은 악한 자 안에 처한 것이며

거짓의 아비인 마귀는 자기가 이 세상의 신, 임금, 하나님이라고 거짓말하고 있음을 성경을 통으로 봄으로 깨달아야 한다 (요 8:44).

골 2:8 누가 철학과 헛된 속임수로 너희를 사로잡을까 주의하라 이것은 사람의 전통과 세상의 초등학문을 따름이요 그리스도를 따름이 아니니라

고후 11:4 만일 누가 가서 우리가 전파하지 아니한 다른 예수를 전파하거나 혹은 너희가 받지 아니한 다른 영을 받게 하거나 혹은 너희가 받지 아니한 다른 복음을 받게 할 때에는 너희가 잘

십계명

용납하는구나

고후 11:13-15 그런 사람들은 거짓 사도요 속이는 일꾼이니 자기를 그리스도의 사도로 가장하는 자들이니라 이것은 이상한 일이 아니니라 사탄도 자기를 광명의 천사로 가장하나니 그러므로 사탄의 일꾼들도 자기를 의의 일꾼으로 가장하는 것이 또한 대단한 일이 아니니라 그들의 마지막은 그 행위대로 되리라

렘 17:9-10 만물보다 거짓되고 심히 부패한 것은 마음이라 누가 능히 이를 알리요마는 나 여호와는 심장을 살피며 폐부를 시험하고 각각 그의 행위와 그의 행실대로 보응하나니

사 42:7 네가 눈먼 자들의 눈을 밝히며 갇힌 자를 감옥에서 이끌어 내며 흑암에 앉은 자를 감방에서 나오게 하리라

고후 1:9-10 우리는 우리 자신이 사형 선고를 받은 줄 알았으니 이는 우리로 자기를 의지하지 말고 오직 죽은 자를 다시 살리시는 하나님만 의지하게 하심이라 그가 이같이 큰 사망에서 우리를 건지셨고 또 건지실 것이며 이후에도 건지시기를 그에게 바라노라

요일 3:8 죄를 짓는 자는 마귀에게 속하나니 마귀는 처음부터 범죄 함이라 하나님의 아들이 나타나신 것은 마귀의 일을 멸하려 하심이라

* 마귀는 거짓말쟁이요 거짓의 아비이며 살인한 자이다.

> 요 8:44 너희는 너희 아비 마귀에게서 났으니 너희 아비의 욕심대로 너희도 행하고자 하느니라 그는 처음부터 살인한 자요 진리가 그 속에 없으므로 진리에 서지 못하고 거짓을 말할 때마다 제 것으로 말하나니 이는 그가 거짓말쟁이요 거짓의 아비가 되었음이라

"너희는 너희 아비 마귀에게서 났으니"라고 했다. 마귀는 죄의 근원이다. 죄는 거짓의 아비의 것이다. 죄는 마귀의 본성이다. 거짓의 결과는 사망과 어둠이다. 마귀는 거짓말쟁이의 아비이기 때문에 죄의 근원이다.

영원한 생명과 빛으로 역사하시는 하나님의 거룩한 생명은 죄의 종노릇하는 데서 우리를 해방시켜 준다. 마귀는 옛 뱀이며 (계 12:9, 20:2) 독사의 새끼들이다 (마 3:7, 23:33). 예수님은 죄의 본성 즉 뱀의 사망과 죽음을 처리하기 위해 놋뱀의 모양으로 십자가에서 들리셨다.

> 요 3:14-15 모세가 광야에서 뱀을 든 것같이 인자도 들려야 하리니 이는 그를 믿는 자마다 영생을 얻게 하려 하심이니라

> 요일 4:1 사랑하는 자들아 영을 다 믿지 말고 오직 영들이 하나님께 속하였나 분별하라 많은 거짓 선지자가 세상에 나왔음이라

딤후 3:13 악한 사람들과 속이는 자들은 더욱 악하여져서 속이기도 하고 속기도 하나니

* **전신갑주를 입고 영, 혼, 몸의 승리자가 되라.**

엡 6:11-13 마귀의 간계를 능히 대적하기 위하여 하나님의 전신 갑주를 입으라 우리의 씨름은 혈과 육을 상대하는 것이 아니요 통치자들과 권세들과 이 어둠의 세상 주관자들과 하늘에 있는 악의 영들을 상대함이라 그러므로 하나님의 전신 갑주를 취하라 이는 악한 날에 너희가 능히 대적하고 모든 일을 행한 후에 서기 위함이라

엡 6:17 구원의 투구와 성령의 검 곧 하나님의 말씀을 가지라

히 4:12 하나님의 말씀은 살아 있고 활력이 있어 좌우에 날 선 어떤 검보다도 예리하여 혼과 영과 및 관절과 골수를 찔러 쪼개기까지 하며 또 마음의 생각과 뜻을 판단하나니

엡 4:13 우리가 다 하나님의 아들을 믿는 것과 아는 일에 하나가 되어 온전한 사람을 이루어 그리스도의 장성한 분량이 충만한 데까지 이르리니

유 1:20-21 사랑하는 자들아 너희는 너희의 지극히 거룩한 믿음 위에 자신을 세우며 성령으로 기도하며 하나님의 사랑 안에

서 자신을 지키며 영생에 이르도록 우리 주 예수 그리스도의 긍휼을 기다리라

* 그리스도와 연합하여 의의 옷을 입으라

갈 3:27 누구든지 그리스도와 합하여 세례를 받은 자는 그리스도로 옷입었느니라

롬 13:12-14 밤이 깊고 낮이 가까왔으니 그러므로 우리가 어두움의 일을 벗고 빛의 갑옷을 입자 낮에와 같이 단정히 행하고 방탕과 술취하지 말며 음란과 호색하지 말며 쟁투와 시기하지 말고 오직 주 예수 그리스도로 옷입고 정욕을 위하여 육신의 일을 도모하지 말라

십계명 10.
10계명: 네 이웃의 집 (아내)을 탐내지 말라

탐심은 육체의 소욕이며 자기의 영광을 구하는 우상 숭배이다 (엡 4:22; 갈 5:19-21 육체의 일; 골 3:1-6 땅의 있는 지체; 벧후 2:1-4 호색).

출 20:17 네 이웃의 집을 탐내지 말라 네 이웃의 아내나 그의 남종이나 그의 여종이나 그의 소나 그의 나귀나 무릇 네 이웃의 소유를 탐내지 말라

탐심은 우상 숭배로 깊은 욕심에서부터 출발한다. 탐심은 자기 숭배, 자기를 섬기는 것이기에 영적으로 자기를 사망으로 끌고 가는 무서운 죄이며 병이다.

> **엡 4:22** 너희는 유혹의 욕심을 따라 썩어져 가는 구습을 따르는 옛 사람을 벗어버리고

> **갈 5:24** 그리스도 예수의 사람들은 육체와 함께 그 정욕과 탐심을 십자가에 못 박았느니라

믿음의 삶이란 자신이 죽는 것이며 자신과의 싸움이다. 자아를 무너뜨리지 않는 것은 가나안으로 들어가는 길목에 견고한 여리고성을 쌓는 것이다.

> **벧전 5:8** 근신하라 깨어라 너희 대적 마귀가 우는 사자같이 두루 다니며 삼킬 자를 찾나니

> **벧후 2:3** 그들이 탐심으로써 지어낸 말을 가지고 너희로 이득을 삼으니 그들의 심판은 옛적부터 지체하지 아니하며 그들의 멸망은 잠들지 아니하느니라

만약 자신이 눈에 보이는 것에 묶여 있다면 탐심과 욕심으로 채우고 있는 자신의 마음 보따리를 살펴야 한다. 그 보따리에 있는 것은 나 자신, 가족, 혈육, 돈, 지식, 명예, 권력, 인정받고자 하는 마음이다. 남보다 더 잘되고자 하는 마음, 다른 사람과 비교하여 이기려고 하는 마음, 다른 사람의 영혼을 소홀히 하는 마음이다.

우리는 물과 성령으로 거듭나지 않으면 탐심을 이길 수 없다.

요 3:5-6 예수께서 대답하시되 진실로 진실로 네게 이르노니 사람이 물과 성령으로 나지 아니하면 하나님의 나라에 들어갈 수 없느니라 육으로 난 것은 육이요 영으로 난 것은 영이니

탐심이 있으면 삼위 하나님에 대한 경외심과 갈망하는 마음이 없어진다. 예수 그리스도가 전부가 되지 못하고 예수 그리스도께 집중하지 못한다면 이미 탐심이 넘치는 것이다.

벧후 2:1-3 그러나 백성 가운데 또한 거짓 선지자들이 일어났었나니 이와 같이 너희 중에도 거짓 선생들이 있으리라 그들은 멸망하게 할 이단을 가만히 끌어들여 자기들을 사신 주를 부인하고 임박한 멸망을 스스로 취하는 자들이라 여럿이 그들의 호색하는 것을 따르리니 이로 말미암아 진리의 도가 비방을 받을 것이요 그들이 탐심으로써 지어낸 말을 가지고 너희로 이득을 삼으니 그들의 심판은 옛적부터 지체하지 아니하며 그들의 멸망은 잠들지 아니하느니라

* **탐심은 내 속에 숨어 있는 죄이며 우상 숭배이다** (출 22:7-17).

골 3:5-6 그러므로 땅에 있는 지체를 죽이라 곧 음란과 부정과 사욕과 악한 정욕과 탐심이니 탐심은 우상 숭배니라 이것들로 말미암아 하나님의 진노가 임하느니라

살전 2:5 너희도 알거니와 우리가 아무 때에도 아첨하는 말이나 탐심의 탈을 쓰지 아니한 것을 하나님이 증언하시느니라

전 5:10 은을 사랑하는 자는 은으로 만족하지 못하고 풍요를 사랑하는 자는 소득으로 만족하지 아니하나니 이것도 헛되도다

딤전 6:4-5 그는 교만하여 아무것도 알지 못하고 변론과 언쟁을 좋아하는 자니 이로써 투기와 분쟁과 비방과 악한 생각이 나며 마음이 부패하여지고 진리를 잃어버려 경건을 이익의 방도로 생각하는 자들의 다툼이 일어나느니라

탐심이란 사탄의 본성으로, 타락한 사람 안에 거하는 죄로서 그 사람의 영혼을 죽이는 독이다.

롬 7:7-8 그런즉 우리가 무슨 말을 하리요 율법이 죄냐 그럴 수 없느니라 율법으로 말미암지 않고는 내가 죄를 알지 못하였으니 곧 율법이 탐내지 말라 하지 아니하였더라면 내가 탐심을 알지 못하였으리라 그러나 죄가 기회를 타서 계명으로 말미암아 내 속에서 온갖 탐심을 이루었나니 이는 율법이 없으면 죄가 죽은 것임이라

롬 7:8 그러나 죄가 기회를 타서 계명으로 말미암아 내 속에서 온갖 탐심을 이루었나니 이는 율법이 없으면 죄가 죽은 것임이라
(롬 7:13)

롬 7:17 이제는 그것을 행하는 자가 내가 아니요 내 속에 거하는 죄니라

롬 7:20 만일 내가 원하지 아니하는 그것을 하면 이를 행하는 자는 내가 아니요 내 속에 거하는 죄니라

롬 7:24-25 오호라 나는 곤고한 사람이로다 이 사망의 몸에서 누가 나를 건져내랴 우리 **주 예수 그리스도**로 말미암아 **하나님**께 감사하리로다 그런즉 내 자신이 마음으로는 **하나님**의 법을 육신으로는 죄의 법을 섬기노라

탐욕의 죄는 사실상 사탄의 본성이다. 우리는 타락한 죄인들이기 때문에 탐심에 붙들려 살게 된다. 육체를 입고 사는 동안에는 탐심으로 우상을 섬기고 있음을 인정하라. 그러기에 뼛속까지 죄인임을 회개하며 **성령님**의 도우심을 구해야 하는 것이다.

갈 2:20 내가 **그리스도**와 함께 십자가에 못 박혔나니 그런즉 이제는 내가 사는 것이 아니요 오직 내 안에 **그리스도**께서 사시는 것이라 이제 내가 육체 가운데 사는 것은 나를 사랑하사 나를 위하여 자기 자신을 버리신 **하나님**의 아들을 믿는 믿음 안에서 사는 것이라

갈 5:24 **그리스도 예수**의 사람들은 육체와 함께 그 정욕과 탐심을 십자가에 못 박았느니라

탐심이 있으면 돈, 그것에 매력을 느껴 그것을 소유하기 위해 인생을 낭비한다. 탐심은 성공과 경쟁이라는 이름으로 아름답게 포장한 현대 사회의 자극제이다. 탐심은 달콤한 꿈의 환상으로 미혹하며 거짓으로 인생들을 사망으로 초대한다.

> **엡 2:3-5** 전에는 우리도 다 그 가운데서 우리 육체의 욕심을 따라 지내며 육체와 마음의 원하는 것을 하여 다른 이들과 같이 본질상 진노의 자녀이었더니 긍휼이 풍성하신 **하나님**이 우리를 사랑하신 그 큰 사랑을 인하여 허물로 죽은 우리를 **그리스도**와 함께 살리셨고 (너희는 은혜로 구원을 받은 것이라)

믿음의 사람은 **성령**으로 **예수님**의 전 생애를 따라 한 걸음씩 함께한다. 영원한 생명의 근원이신 **그리스도 예수** 안에서 부활의 믿음으로 말씀을 늘 갈망하며 진리를 사모한다. 아담의 살아 있는 혼 (창 2:7)으로, 살려주는 영 (고전 15:15)으로 **예수 그리스도**를 만나는 것이다.

부활의 생명 말씀으로 영혼이 배부르고 자족하고 행복하고 만족한 믿음의 사람이 되라.

> **벧전 1:7** 너희 믿음의 확실함은 불로 연단하여도 없어질 금보다 더 귀하여 **예수 그리스도**께서 나타나실 때에 칭찬과 영광과 존귀를 얻게 할 것이니라

거룩한 제사장으로서 믿음의 확실한 불로 연단하여 **예수 그리**

스도께서 공중 혼인 잔치로 재림하실 때 칭찬과 영광과 존귀를 얻게 될 것을 믿고 감사하며, 신부가 될 것이라는 믿음으로 말씀의 전신갑주를 입으라.

팔복의 삶을 살며, 자기를 부인하는 제자의 삶을 살고, 성령의 열매를 맺으며, 이기는 자로 그리스도의 신부의 대열에 참여하는 것이 진정한 승리자이다.

우리는 거룩한 제사장으로 세워졌기에 그리스도를 표현하는 삶이 되어야 하며 성령의 열매를 맺어야 한다.

> 벧전 2:5 너희도 산 돌같이 신령한 집으로 세워지고 예수 그리스도로 말미암아 하나님이 기쁘게 받으실 신령한 제사를 드릴 거룩한 제사장이 될지니라

멜기세덱이 하나님께로부터 와서 아브라함을 만나 떡과 포도주를 그에게 공급했던 것처럼 (창 14:17-18; 히 7:1) 예수님의 피와 말씀으로 죄 사함을 받은 자는 늘 말씀을 먹고 살면서 성장과 변화와 영적인 예배가 있어야 한다 (요 4:24). 이것은 하나님의 영광을 드러내기 위함이다.

> 딤전 6:7-10 우리가 세상에 아무것도 가지고 온 것이 없으매 또한 아무것도 가지고 가지 못하리니 우리가 먹을 것과 입을 것이 있은즉 족한 줄로 알 것이니라 부하려 하는 자들은 시험과 올무와 여러 가지 어리석고 해로운 욕심에 떨어지나니 곧 사람으로 파멸과 멸망에 빠지게 하는 것이라 돈을 사랑함이

일만 악의 뿌리가 되나니 이것을 탐내는 자들은 미혹을 받아 믿음에서 떠나 많은 근심으로써 자기를 찔렀도다

* 다른 사람의 칭찬과 존경을 받는 일에 치중하지 말라.
오직 삼위일체 하나님께 집중하며 초점을 맞추라.

빌 3:20-21 그러나 우리의 시민권은 하늘에 있는지라 거기로부터 구원하는 자 곧 주 예수 그리스도를 기다리노니 그는 만물을 자기에게 복종하게 하실 수 있는 자의 역사로 우리의 낮은 몸을 자기 영광의 몸의 형체와 같이 변하게 하시리라

예수 그리스도와 연합된 자는 말씀으로 인격이 변화가 되도록 성령께서 이끄신다. 하나님을 섬기는 삶의 예배와 성령의 열매로 이기는 자의 삶은 피 흘리기까지의 영적 싸움이다.

보이는 일에 집중하고 집착할 때 믿음의 우선순위를 잃어버리고 세상 욕심에 이끌려 부에 대한 애착으로 감사가 없어지며 어리석고 해로운 욕심이 탐심으로 발전한다.

어떤 사람은 하나님의 일을 하기 위해 은사를 탐하고, 명예와 세상 것을 쉼 없이 소유하고자 한다. 하나님의 권능을 탐하기에 삯꾼이 되는 지름길이다. 하나님께 영광을 돌려야 하는데 자기가 높아져 탐심의 죄 아래서 늘 영혼이 방황한다. 하나님의 창조 목적대로 살아야 함을 다시 한번 마음에 새긴다.

* 탐심을 이길 수 있는 4가지 비법

① 하나님께서 내게 주신 모든 것에 감사하며 자족한 마음을 갖는 것이다.
② 그리스도 예수의 존귀한 이름만 높이며 나는 낮아지는 겸손의 마음을 갖는 것이다.
③ 심령 교회에 예수님의 피와 성령으로 그리스도 예수의 정체성을 각인하는 것이다.
④ 영, 혼, 몸, 모든 것이 감사로 충만할 때 불평과 모자람과 탐심을 막을 힘을 주신다.

* **거룩을 유지, 보전하는 방법은 예수님의 피와 말씀과 기도이다.**

요일 1:7 …그 아들 예수의 피가 우리를 모든 죄에서 깨끗하게 하실 것이요

딤전 4:5 하나님의 말씀과 기도로 거룩하여짐이라

벧후 3:13 우리는 그의 약속대로 의가 있는 곳인 새 하늘과 새 땅을 바라보도다 (참조. 골 3:9-10)

* **탐심은 우상숭배이며 하나님의 나라를 기업으로 얻지 못한다.**

엡 5:3-5 음행과 온갖 더러운 것과 탐욕은 너희 중에서 그 이

름조차도 부르지 말라 이는 성도에게 마땅한 바니라 누추함과 어리석은 말이나 희롱의 말이 마땅치 아니하니 오히려 감사하는 말을 하라 너희도 정녕 이것을 알거니와 음행하는 자나 더러운 자나 탐하는 자 곧 우상 숭배자는 다 그리스도와 하나님의 나라에서 기업을 얻지 못하리니

엡 5:11-12 너희는 열매 없는 어둠의 일에 참여하지 말고 도리어 책망하라 그들이 은밀히 행하는 것들은 말하기도 부끄러운 것들이라

엡 5:15-17 그런즉 너희가 어떻게 행할지를 자세히 주의하여 지혜 없는 자같이 하지 말고 오직 지혜 있는 자같이 하여 세월을 아끼라 때가 악하니라 그러므로 어리석은 자가 되지 말고 오직 주의 뜻이 무엇인가 이해하라

엡 6:11-12 마귀의 간계를 능히 대적하기 위하여 하나님의 전신 갑주를 입으라 우리의 씨름은 혈과 육을 상대하는 것이 아니요 통치자들과 권세들과 이 어둠의 세상 주관자들과 하늘에 있는 악의 영들을 상대함이라

* 새 하늘과 새 땅에 들어가는 상속자들은 재림을 고대한다.

요일 1:1-3 태초부터 있는 생명의 말씀에 관하여는 우리가 들은 바요 눈으로 본 바요 자세히 보고 우리의 손으로 만진 바라

이 생명이 나타내신 바 된지라 이 영원한 생명을 우리가 보았고 증언하여 너희에게 전하노니 이는 아버지와 함께 계시다가 우리에게 나타내신 바 된 이시니라 우리가 보고 들은 바를 너희에게도 전함은 너희로 우리와 사귐이 있게 하려 함이니 우리의 사귐은 아버지와 그의 아들 예수 그리스도와 더불어 누림이라

계 21:4 모든 눈물을 그 눈에서 닦아 주시니 다시는 사망이 없고 애통하는 것이나 곡하는 것이나 아픈 것이 다시 있지 아니하리니 처음 것들이 다 지나갔음이러라

계 22:20-21 이것들을 증언하신 이가 이르시되 내가 진실로 속히 오리라 하시거늘 아멘 주 예수여 오시옵소서 주 예수의 은혜가 모든 자들에게 있을지어다 아멘

* 하나님 말씀의 완전성은 성령이 기록하게 하셨기 때문이다 (딤전 3:16-17).

사 34:16 너희는 여호와의 책에서 찾아 읽어보라 이것들 가운데서 빠진 것이 하나도 없고 제 짝이 없는 것이 없으리니 이는 여호와의 입이 이를 명령하셨고 그의 영이 이것들을 모으셨음이라

66권의 성경, 하나님의 말씀은 확실하고도 완전하다. 말씀 가운데 그 어느 것도 짝이 없는 것이 없다. 성경이 완성된 방법은

성경이 하나님의 말씀임을 증명한다. 성경의 많은 기자들은 그 배경이 다양했고 직업도 왕, 학자, 어부, 농부, 세리, 목자 등 모두 달랐다. 그들이 성경을 기록한 장소 또한 광범위한 지역의 다양한 장소였다.

어떻게 서로 다른 배경을 가진 40여 명의 사람이, 다양한 장소에서, 1,600여 년에 걸쳐 서로 어긋나지 않고 일맥상통한 책을 기록할 수 있는가? 이들을 통해 긴 세월 동안 단일한 중심 사상, 단일한 시작, 단일한 전개, 단일한 결론을 가진 한 권의 책을 기록하신 분이, 영원한 생명을 주시는 삼위일체 하나님의 전지전능하시며 성령으로 기록하게 하셨다 (딤후 3:16-17).

성경에는 수많은 예언이 있고 그 예언들은 대부분 성취되었다 (창 3:15; 사 4:2, 52:14, 53:2). 성경의 모든 예언은 결국 최종적으로 완전하게 성취될 것이다 (계 21-22장).

> 계 22:7 보라 내가 속히 오리니 이 두루마리의 예언의 말씀을 지키는 자는 복이 있으리라 하더라

> 계 22:20-21 이것들을 증언하신 이가 이르시되 내가 진실로 속히 오리라 하시거늘 아멘 주 예수여 오시옵소서 주 예수의 은혜가 모든 자들에게 있을지어다 아멘

* 공중 권세 잡은 자, 사탄, 마귀의 악의 영을 직시하라

사탄의 기원은 신비 속에 가려져 있다. 그러나 그도 창조된 피

조물로 극도로 높여진 존재이다. 타락하기 전에 사탄은 기름 부음을 받은 그룹이었다.

겔 28:11-15 여호와의 말씀이 또 내게 임하여 이르시되 인자야 두로 왕을 위하여 슬픈 노래를 지어 그에게 이르기를 주 여호와의 말씀에 너는 완전한 도장이었고 지혜가 충족하며 온전히 아름다웠도다 네가 옛적에 하나님의 동산 에덴에 있어서 각종 보석 곧 홍보석과 황보석과 금강석과 황옥과 홍마노와 창옥과 청보석과 남보석과 홍옥과 황금으로 단장하였음이여 네가 지음을 받던 날에 너를 위하여 소고와 비파가 준비되었도다 너는 기름 부음을 받고 지키는 그룹임이여 내가 너를 세우매 네가 하나님의 성산에 있어서 불타는 돌들 사이에 왕래하였도다 네가 지음을 받던 날로부터 네 모든 길에 완전하더니 마침내 네게서 불의가 드러났도다

창 3:6 여자가 그 나무를 본즉 먹음직도 하고 보암직도 하고 지혜롭게 할 만큼 탐스럽기도 한 나무인지라 여자가 그 열매를 따 먹고 자기와 함께 있는 남편에게도 주매 그도 먹은지라 (선악과)

창 3:14 여호와 하나님이 뱀에게 이르시되 네가 이렇게 하였으니 네가 모든 가축과 들의 모든 짐승보다 더욱 저주를 받아 배로 다니고 살아 있는 동안 흙을 먹을지니라

사 14:12-17 너 아침의 아들 계명성이여 어찌 그리 하늘에서 떨

어졌으며 너 열국을 엎은 자여 어찌 그리 땅에 찍혔는고 네가 네 마음에 이르기를 내가 하늘에 올라 하나님의 뭇 별 위에 내 자리를 높이리라 내가 북극 집회의 산 위에 앉으리라 가장 높은 구름에 올라가 지극히 높은 이와 같아지리라 하는도다 그러나 이제 네가 스올 곧 구덩이 맨 밑에 떨어짐을 당하리로다 너를 보는 이가 주목하여 너를 자세히 살펴보며 말하기를 이 사람이 땅을 진동시키며 열국을 놀라게 하며 세계를 황무하게 하며 성읍을 파괴하며 그에게 사로잡힌 자들을 집으로 놓아 보내지 아니하던 자가 아니냐 하리로다

계 12:9 큰 용이 내쫓기니 옛 뱀 곧 마귀라고도 하고 사탄이라고도 하며 온 천하를 꾀는 자라 그가 땅으로 내쫓기니 그의 사자들도 그와 함께 내쫓기니라 (창 1:2; 유 1:6; 엡 2:2)

* **사탄은 마귀, 뱀, 속이는 자다.**

요 8:44 너희는 너희 아비 마귀에게서 났으니 너희 아비의 욕심대로 너희도 행하고자 하느니라 그는 처음부터 살인한 자요 진리가 그 속에 없으므로 진리에 서지 못하고 거짓을 말할 때마다 제 것으로 말하나니 이는 그가 거짓말쟁이요 거짓의 아비가 되었음이라

* **사탄은 거짓말쟁이요 살인자이다.**

엡 2:1-3 그는 허물과 죄로 죽었던 너희를 살리셨도다 그때에 너희는 그 가운데서 행하여 이 세상 풍조를 따르고 공중의 권세 잡은 자를 따랐으니 곧 지금 불순종의 아들들 가운데서 역사하는 영이라

롬 5:12 그러므로 한 사람으로 말미암아 죄가 세상에 들어오고 죄로 말미암아 사망이 들어왔나니 이와 같이 모든 사람이 죄를 지었으므로 사망이 모든 사람에게 이르렀느니라

민 21:9 모세가 놋뱀을 만들어 장대 위에 다니 뱀에게 물린 자가 놋뱀을 쳐다본즉 모두 살더라

요 3:14 모세가 광야에서 뱀을 든 것같이 인자도 들려야 하리니

고후 5:21 하나님이 죄를 알지도 못하신 이를 우리를 대신하여 죄로 삼으신 것은 우리로 하여금 그 안에서 하나님의 의가 되게 하려 하심이라

골 2:8 누가 철학과 헛된 속임수로 너희를 사로잡을까 주의하라 이것은 사람의 전통과 세상의 초등학문을 따름이요 그리스도를 따름이 아니니라

고후 11:14 이것은 이상한 일이 아니니라 사탄도 자기를 광명의 천사로 가장하나니

딤후 3:1-5 너는 이것을 알라 말세에 고통하는 때가 이르러 사람들이 자기를 사랑하며 돈을 사랑하며 자랑하며 교만하며 비방하며 부모를 거역하며 감사하지 아니하며 거룩하지 아니하며 무정하며 원통함을 풀지 아니하며 모함하며 절제하지 못하며 사나우며 선한 것을 좋아하지 아니하며 배신하며 조급하며 자만하며 쾌락을 사랑하기를 하나님 사랑하는 것보다 더하며 경건의 모양은 있으나 경건의 능력은 부인하니 이같은 자들에게서 네가 돌아서라

그러므로 깨어 있어야 한다.
산상수훈의 말씀으로 삶을 살면서 깨어 있고, 기도로 깨어 있어야 한다 (마 5-6장).

* 사탄, 미혹의 영 마귀를 이기는 7대 능력

① 하나님의 말씀 - 마 4:1-11; 눅 1:37, 하나님의 모든 말씀은 능치 못하심이 없음
② 예수님의 피 - 계 12:10-11, 마귀를 이김
③ 예수님의 이름 - 요 14:12-14, 내 이름으로 무엇이든지 구하면 시행하리라
④ 성령 충만 - 엡 5:18; 마 12:28, 하나님의 나라
⑤ 믿음 - 막 9:23, 믿음은 능치 못함이 없음
⑥ 기도 - 막 9:29; 마 7:7-8, 구하고 찾고 두드리라
⑦ 말씀 행함 - 약 2:22, 행함으로 믿음이 온전하게 됨

맺는말

거룩하신 삼위일체 하나님께 감사와 영광을 돌립니다.

미완성이며 부족함이 많은 내용을 책으로 출판한다고 하니 더욱 책임감이 느껴집니다. 세상의 지식은 부족한 자이지만 이 모든 것이 나의 구원의 기쁨이며 나의 영적 양식이기에 성령님께서 이끄시는 대로 적어봤습니다.

나의 영혼의 양식으로 먹으며 기록했기에 마음에 각인되어 행복합니다. 이 책을 읽으시는 분들께서 주기도문과 사도신경과 십계명을 통해 조금이라도 믿음의 유익을 얻게 되기를 기도합니다.

그러나 보고 있는 것보다 보지 못하는 것이 더 큽니다. 알고 있는 것보다 알지 못하는 것이 더 많습니다. 연약하고 부족한 것과 모자라고 잘못된 것도 있음을 알게 되실 때 지도 편달을 원합니다. 더 자라며 성장하길 원합니다. 어린아이의 한 걸음을 시작합니다.

맨 처음 동기 부여로 선뜻 힘을 실어주신 남숙희 목사님께 감사드립니다. 또 매사에 도움을 주신 전미숙 사모님께 감사드립니다. 문서 선교에 동참하신 무명의 헌신자들과 김옥분 권사님께도 이 지면을 통해 감사를 드립니다.

특별히 태웅식품 회장이신 장준웅 장로님과 김복임 권사님의 헌신과 섬김으로 말씀에 전념할 수 있었습니다. 그 희생과 배려에 감사를 드립니다. 많은 선교물품을 주셔서 예수님의 이름으로 전도하며 심부름을 하며 기쁨으로 일하는 동력이 되었습니다.

국회기도회를 섬기면서 이종명 목사님을 통해서 성령으로 인도하시는 생명의 말씀을 듣는 복된 사역을 허락하셨습니다. 모든 것이 은혜이며 감사입니다.

오늘도 예수 그리스도의 부활의 생명 안에서 행복합니다. 감사와 찬양으로 나아가고 있습니다.

여자의 후손으로 오셔서 그 몸으로 구원을 완수 집행하신 주 예수 그리스도의 은혜와, 전체 구원을 계획하신 아버지 하나님의 특별하신 사랑하심과, 성령님의 감동, 감화, 내주, 교통, 역사하심, 그리고 말씀에 순종하게 하셔서 성령의 터치하심으로 바늘구멍만큼 열리게 하사 나의 영의 양식이 된 주기도문, 사도신경, 십계명을 책으로 출판하게 하심에 감사드립니다.

존귀하신 예수 그리스도의 이름을 높이며 한없는 은혜에 오직 감사뿐입니다.

열방을품은교회 서재에서 최온유

바늘구멍만큼 열어주시다

성령이 알려주시는 주기도문·사도신경·십계명

1판 1쇄 인쇄 _ 2024년 2월 23일
1판 1쇄 발행 _ 2024년 3월 5일

지은이 _ 최온유
펴낸이 _ 이형규
펴낸곳 _ 쿰란출판사

주소 _ 서울특별시 종로구 이화장길 6
편집부 _ 745-1007, 745-1301~2, 743-1300
영업부 _ 747-1004, FAX 745-8490
본사평생전화번호 _ 0502-756-1004
홈페이지 _ http://www.qumran.co.kr
E-mail _ qrbooks@daum.net / qrbooks@gmail.com
한글인터넷주소 _ 쿰란, 쿰란출판사
페이스북 _ www.facebook.com/qumranpeople
인스타그램 _ www.instagram.com/qrbooks
등록 _ 제1-670호 (1988.2.27)
책임교열 _ 이화정·이주련

ⓒ 최온유 2024 ISBN 979-11-6143-928-0 93230

책값은 뒤표지에 있습니다.
이 출판물은 저작권법에 의해 보호를 받는 저작물이므로 무단 복제할 수 없습니다.
파본 (破本)은 구입처에서 교환해 드립니다.